JN026372

1000万F...

女子100人が

やったこと、やめたこと

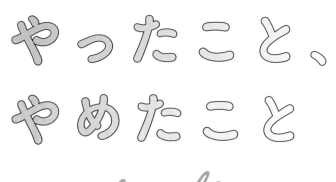

list

リスト

日経BP

▼▼▼▼▼▼▼▼▼▼▼▼▼▼▼▼▼▼▼▼▼▼▼▼▼▼▼▼

はじめに

女子100人を大調査！
1000万円貯めるために
やったこと・やめたこと

「給料は毎月決まった額。1000万円貯めるなんてゼッタイに無理！」
「30代でマンションを買える女子は、そもそも給料をたくさんもらっている人。フツーのOLがマンション買うなんて、できっこない！」
　とはいえ、「本当はお金も貯めたいし、マンションだって買えるなら買いたい……」

　そんな希望を持って、私のもとを訪ねてくる女子たちがいました。
　私は女子たちにお金の増やし方を教えるお金の教室、「富女子会」を15年以上運営しています。これまで、のべ5000人以上の女子たちに、私の知っている「お金を増やすコツ」「ちゃんとやれば貯まること」を説き続けてきました。

　私のもとに教えを聞きに来た女子たちは、2タイプに分かれます。
　5年で1000万円を貯めたり、自分でマンションを購入したりできた「富女子」。

はじめに

▲▲▲▲▲▲▲▲▲▲▲▲▲▲▲▲▲▲▲▲▲▲▲▲▲▲▲▲

3

▼▼▼▼▼▼▼▼▼▼▼▼▼▼▼▼▼▼▼▼▼▼▼▼▼▼▼▼▼▼▼▼▼▼▼▼▼

　残念ながら、なかなか貯金ができない「普通の女子」。

　両者の違いは何か。
　もともとの給料や勤めている会社の規模に、それほど大きな違いは
ありません。
　給料をたくさんもらっていてもなかなか貯金できない人もいれば、
年収300万円でも5年で1000万円貯めた人もいます。
　その差は、いったいどこから生まれるのだろう?

　そんな思いから、私の教室に参加した女子のうち、1000万円貯金
を果たしたり、もう少しで1000万円に手が届きそうな「富女子」た
ち100人にアンケートを実施。
　一般的に「やるといい」といわれている事柄の中から、「1000万円
を貯めるためにやったこと、やめたこと」を聞きました。

　アンケート結果は次のページの通りです。

▲▲▲▲▲▲▲▲▲▲▲▲▲▲▲▲▲▲▲▲▲▲▲▲▲▲▲▲▲▲▲▲▲▲▲▲▲

女子100人ががっかり！
「本気で試してみたけど、効果がなかった」こと

第1位 セールで買う・まとめ買いをする・
少し遠くても安いものを買いにいく

第2位 家計簿をつける

第3位 風水の金運アップ法
（財布の色にこだわった、年に1回財布を替えたなど）

第4位 ポイ活（ポイント活用）

同率5位 カード払いではなく現金払い

同率5位 節約生活

女子100人がにっこり！
「やってみたら、本当にお金が貯まった」こと

第1位 給与天引きの積立・投資

第2位 家計簿をつける
_{バランスシート}

第3位 「貯金計画」を立てる

第4位 「固定費」を見直す（スマホ代、保険料、家賃など）

第5位 「副業」を始める

▼▼▼▼▼▼▼▼▼▼▼▼▼▼▼▼▼▼▼▼▼▼▼▼▼▼▼▼▼▼

　結果を見て、私は、「なるほど」と思いました。

　どれも繰り返し、私が伝えてきたことばかりです。これらを実際に
行動に移してきた女子から、「富女子」になっていったのです。

　みなさんは、どう思いましたか?

　1日も早く富女子になりたい人は、「やってみたら、本当にお金が貯
まった」ランキング上位のものからどんどん試してください。そして、
「本気で試してみたけど、効果がなかった」ことは上位のものからや
めてください。

　このランキングを見て、「知らないことばかり!」と思った人は、で
きそうなところからでもいいので、読んで始めてみてください。「お
金の知識のある、なし」は、将来、「富女子」になれるかどうかの分
岐点です。本書で、できる限り「お金の知識」を吸収してください。

「当たり前のこと」を「当たり前にする」だけで、 お金は貯まる

　ランキングを見て、「なんだ、そんなことか」と思った人もいるか
もしれません。実際、「当たり前」のことをやるだけでも、貯金はで
きます。

　しかし、「当たり前」を知っているのに、できていない人が実に多い。
もし、「なんだ、そんなことか」と思ったけれど、貯金ができていな
い人は、腑に落ちるまで本書を読み込んでください。

▲▲▲▲▲▲▲▲▲▲▲▲▲▲▲▲▲▲▲▲▲▲▲▲▲▲▲▲▲▲

▼▼▼▼▼▼▼▼▼▼▼▼▼▼▼▼▼▼▼▼▼▼▼▼▼▼▼▼▼▼▼▼▼▼

「なぜ、セールに行ってはいけないのか」

「なぜ、貯金計画を立てたほうがいいのか」

「家計簿をつける、が両方のランキングに入っているのはどういうことか」

　など、できるだけていねいに説明しました。

　知っているだけでは、お金は貯まりません。納得して、行動に移すことで、お金はみるみる貯まっていくのです。

　本書によって1人でも多くの「富女子」が誕生することを願っています。

　　　　　　　　　　　　　　　　　　　　　　　　永田雄三

▲▲▲▲▲▲▲▲▲▲▲▲▲▲▲▲▲▲▲▲▲▲▲▲▲▲▲▲▲▲▲▲▲▲

Part 2 始めた人から にっこり 続出！ やったこと list

終章 のべ5000人の女子と話して驚愕！
「お金についての7大勘違い」

Part

1

ムダな努力は
今すぐやめよう！

脱がっかり

やめたこと

リスト
list

1000万円貯めた女子が

やめたこと
list リスト

1位

セールで買う・
まとめ買いをする・
少し遠くても安いものを
買いにいく

女子の意見

● 「安いもの」を買うようにしていたら、いつの間にか「質の悪いもの」「使いづらいもの」を買っていた

● まとめ買いしたものは、なんだかすぐに買い換えていることに気づいた

● セールやネットでパッと買ったものに、「たいして使わなかったもの」が多かった

● 「家から遠いけど安いスーパー」に買い物に行くと、なんだかすごく節約している気分にはなれるけど、数時間かけて数百円の差……しかも疲れて余計なものを買っていることに気がついた

セール、まとめ買い、アウトレット……
「安いものを買おう」と考えている限り、
「浪費グセ」はなくならない

あなたが今、「お金を貯めるためにやっていること」はありますか?

こう聞くと、女性たちの多くは、

 セールやアウトレットで買うようにしています

 生活必需品はなるべく安売りで買います

 ネットをチェックして、少しでも安い店で買います

などと答えます。そこで私が、

 そうやって安いものを買って、お金は貯まりましたか?

と聞くと、みな、首をかしげます。

　実際、今回の調査で1000万円貯めた女子たちに話を聞いたところ、「お金を貯めるために、セールやまとめ買い、アウトレットでの買い物をやめた」と答えました。
　お金を貯めるためにセールやまとめ買い、アウトレットで買い物をする人がいる一方で、実際にお金を貯めた人たちは、それらの買い物をやめている。これはいったい、どういうことなのでしょうか。

　高いものを買うより安いものを買ったほうが、支出を減らせるので、節約できてお金が貯まりそうに感じます。

　しかし「セールやまとめ買い、アウトレットでの買い物」は、お金を貯めることにつながりにくいのです。それには、理由があります。

　想像してみてください。とある雑誌で見かけた1万円のバッグ。あなたは「欲しい!」と思ったとします。

> けど、1万円は高いな。今月、生活費もギリギリだし、もっと安くて似ているバッグはないかな

　いろいろな店を見て回った結果、あなたは欲しいバッグに似た6000円のバッグを見つけました。

> 4000円も安い!　これなら買えそう

　欲しいバッグに似たバッグを、安く買えて大満足。4000円も節約できた!

……本当ですか?

　「欲しい」と思ったバッグと「似ている」だけのバッグ。それで100%満足していますか?

　ちょっとでも「ガマン」を感じていませんか?

　ガマンした分を、他のことで発散したり、取り戻したくなったりしていませんか?

　そして何か別のことにお金を使っているのに、「貯めた気分」に浸っていませんか?

　そもそも、その「欲しいバッグ」は、生活費が厳しい中でも今、買

わなきゃいけない「必要なバッグ」だったのですか?

　あっ、畳みかけてすみません。想像上のことなので、許してください（真剣に考えていると、つい詰め寄ってしまって、女子たちに怒られています、汗）。

(「安いもの」ではなく 「必要なもの」「絶対欲しいもの」を買う)

　お金を貯めたいと思うなら、何かを買うときに「安さ」を理由にするのは今すぐやめましょう。**「安いから買うんじゃない、必要だから買う」「安いから買うんじゃない、絶対に欲しいから買う」んです。必要なら、絶対欲しいなら、多少高くても買えばいいんです。**
　考えなければいけないのは、「そのバッグは本当に必要か?」ということだけです。
　お金を貯めるポイントの1つめは、「『買おう』と思ったときに、少し立ち止まり、『これは欲しいもの?　必要なもの?』と自分に問いかける」ことです。

　必要なものならば、買う。
　本当に欲しいものならば、買う。

　欲しいものを買うときは、「なくても困らないものだけど、それでも欲しいか」をもう一度考える。

　お金持ちほど「お金は、稼ぐより使うほうが難しい」というのは、お金を使うことの意義をつねに考えているからです。

　安いものを探すためにかけていた時間や労力を、「考える」ことに割くだけで、お金の使い方は変わってきます。考える時間は少しでいいんです。

　このことに気づいて、「欲しいものと必要なものを区別」できるようになった人から、出費のムダがなくなって、お金が貯まっていくはずです。

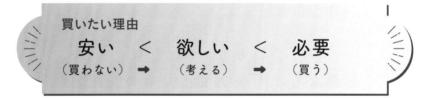

買いたい理由

安い　＜　欲しい　＜　必要
（買わない）　➡　（考える）　➡　（買う）

1000万円貯めた女子が

やめたこと list

2位

家計簿を つける

～～～～～～～～～～～～～

女子の意見

- 家計簿をつけたことで、自分が何にお金を払っているのかを知ることができた
- 自分が何にどれくらい払っているのかを見られたので、助かった。ただ、家計簿を継続している今、最初ほどの効果は感じていない

「家計簿をつけてよかった」派の言い分

　今回のアンケートで、「やってよかった」と「やっても意味がなかった」に大きく分かれたのが、この「家計簿をつける」でした。

　実は、この結果は、極めて予想通り。その理由から、お話ししていきましょう。

　まず、「家計簿をつけてよかった」派。

「やってよかった」と口をそろえる人たちに話を聞くと、家計簿をつけ始める前のお金の管理に、ある傾向が見られました。

　それは、「とりあえず、手持ちのお金で生活して、お金が余ったら貯金しよう」と思っている人が多かったこと。そして、実際にその方法で貯金ができていた人は、ほんの数パーセントにすぎませんでした。

　そんな彼女たちの傾向は、

 じゃあ、あなたは毎月、何にいくら使っているの？

と尋ねると、さらに明らかになりました。

 えーと……携帯が、1万円くらい？　光熱費が……いくらでしょう？

 先月のカードの明細が……たしかこのあたりに……

　そう、自分の出費をほとんど把握していないのです。

　こういった人たちが、試しに1カ月、だいたいでも家計簿をつけて

みると、誰でも1つは驚くポイントがあるものです。

 自分が何にお金を使っているのかがわかった

 交際費がこんなに高いとは思っていなかった

 携帯に、インターネットに……家にそんなにいない割に、通信費ばかりかけていました

 服や化粧品が好きだけど、そうはいっても、収入の3割も使っていたとは……

などなど。

「お金を貯めたい」と思っている人たちは、自分のお金の使い方がわかると、極端な出費は自然と見直したくなります。

 外食や飲み会は"月に3回まで"と決めました

 携帯のプランを見直すことにしました

 ヨガのサブスクをやめて、回数券にしました

といった具合です。これで、ぐっと支出がおさえられます。

　生活の見直しの中には、思い立ってすぐにできないこともあります。

　でも、その間、家計簿をつけ続ければ、「早くこのムダな出費をなくしたい」というモチベーションが維持できるはずです。

　家計簿をつけてみて、よかったですね。

「自分が何にお金を使っているのかが わかった」ら家計簿を卒業する

　さて、では家計簿をつけて出費を減らせた人が、その後、1年間家計簿をつけ続けるとどうなるでしょうか?

　この質問は、

「家計簿をつければつけるほど、出費は減ると思いますか?」

と言い換えてもいいかもしれません。

　答えは、

　あれ?　家計簿をつける手間の割に、出費が減ってないな

となります。

　当然のことでしょう。家計簿をつけ始めた当初は、出費の中で明らかにムダなものをあぶり出すことができました。

　しかし、その後は、「ちょっと食費が高くなってきたな」とか、「この月は医療費がかかったな」といった、ちょっとした傾向や、イレギュラーの出費が見えるだけ。最初のような、劇的な効果はないのです。

　これが、お金を貯め始めてしばらく経った女子たちが、「家計簿をやめてよかった」派に転向するカラクリです。

　というわけで、まだ家計簿をつけておらず、自分が何にお金を使っているのかを把握していない方は、今すぐ、家計簿をつけてください。

　今の時代、スマホのアプリなどで簡単にできます。自分が何にいくら使っているかも把握していないような、お金への意識のない生活は論外です。

そして、家計簿をつけ始めて自分の出費が把握でき、かつ「明らかなムダ」「明らかな使いすぎ」がなくなったら、もうやめましょう。

いいんですよ、途中でやめて。

あるいは、123ページで紹介する「バランスシート」の発想に切り替えていくのも手です。

私の周りで本当にお金を稼いでいる人は家計簿をつけていません。会計士や税理士などに資産の管理を外注している人もいます。

ある程度、収入と支出のバランスがとれるようになったら、「自分でやってもたいして意味がない」ということなのです。

もちろん、「家計簿をつけると節約の努力が見える化できて楽しい」「家計簿をつけないと、もはや不安」など、節約や貯蓄以外に目的が生まれた場合は、無理にやめる必要はありませんよ。

しかし、その労力を別のこと——たとえばもっと前向きな資産運用——などに充てたほうが、お金が貯まる、というのは言うまでもありません。

> 「ただ記録するだけ」の家計簿は、
> 半年で卒業しよう

1000万円貯めた女子が

やめたこと
list (リスト)

3 位

風水の
金運アップ法

（財布の色にこだわった、
年に1回財布を替えたなど）

女子の意見

● 黄色の長財布を買ってみた。けど、特にお金が貯まって
　いるとは思えない

● 金運アップと評判の神社で「お金が貯まりますように」
　と祈願しにいって楽しかった

●「じゃあ、お金は貯まったの?」と聞かれたら、そうでも
　ない

神頼み、風水、おおいにけっこう。
でも、「だから、貯まる」わけではない

女子たちと話をしていると、みなさん、「お金が貯まる○○」が大好きです。実は私も神様は信じているほうで、月に1回は必ず神社にお参りにいきます。

しかし、覚えておいてほしいのは、神頼みや風水は「やったから貯まる」ものではない、ということです。

多くの女子たちは、ここを勘違いしています。たとえば、私が主宰している「富女子会」という「お金の教室」で、次のような話を聞くことがあります。

> 永田先生、先週、新しい財布買いました！ 見て見て、ジャーン、黄色の長財布。金運の上がる色、そしてお札を折らないで入れられる長財布！ 小銭もレシートもいっぱい入ります！ これは、便利だし、お金も貯まりますよね！

こんな具合です。たしかに、風水でいえば黄色は金運アップ。お金持ちの人の中には、長財布を勧める人もいます。

黄色い長財布を買って、「よし、お金を貯めるぞ」と決意するのはいいでしょう。

しかし、風水や神頼みだけをしていても、願いは叶いません。私の経験則からいえば、成功するために10のことをしなければいけないとしたら、そのうちの8割は自力でどうにかして、残り2割が神事（風水や神頼み）だと思います。

あなたはもう、神様が力を
貸してくれるだけの努力をしましたか？

「神様をないがしろにしてもいい」と言っているわけではありません。

神様の力は絶対に必要です。成功している人、うまくいっている企業の多くは神社を大切にしています。

ベストセラーになった本『成功している人は、なぜ神社に行くのか？』(八木龍平著、サンマーク出版) の中では、パナソニックの創業者の松下幸之助さんや、出光興産の創業者・出光佐三さんなど、企業を成功へ導いた人が、神社を特別な場所としてとらえていたと書かれています。

私自身も、経営している会社に新しい社員を採用する前や本を出版する前には、神社にお参りにいきました。いい人を採用できたし、拙著『富女子宣言』(幻冬舎) も『富女子の「お金」論』(主婦の友社) も、予想以上にたくさんの方に読んでもらいました。

あとで聞いたら採用した社員も、本づくりに関わった人も、神社でお参りしていたそうです。神社は人の思いを結びつける力があるんですね。

お伝えしておきたいのは、**「神様を大切にする」という成功者たちのポーズだけを真似ても、成功やお金を引き寄せるのは難しい**、ということです。

「お財布のスリム化」はお金持ちへの第一歩

冒頭の「黄色い長財布」ですが、風水にこだわるなら、徹底して使

い方にもこだわったほうがいいでしょう。

お 金 を 増 や す た め の 財 布 の 使 い 方

❶ 硬貨とお札は一緒に入れない

➡ お札は「紙」、さらにいえば「木」からできていて、硬貨は「鉱物」でできています。木と鉱物では、木が負けて先に逃げていくといわれます。持つなら、別々が鉄則。「長財布と小銭入れ」のように分けて持つのがいいでしょう。

❷ レシートで財布をパンパンにしない

➡ お金持ちのお財布はみんなスリムですよ。よく考えてみましょう。お財布はお札の大切な居場所です。汚いホテルときれいなホテルだったら、みなさんもきれいなホテルに泊まりたいはずです。レシートはこまめに整理しましょう。

❸ お札は新札にする

➡ 1万円札はなるべくいつでも新札を入れておくこと、肖像画の頭からお札を入れることも、お金が出ていきにくくなって金運が上がる、といわれています。

どうです、詳しいでしょう、笑。

　風水や神頼みは、「お金を大切に扱っている」「お金に意識を向けている」証拠でもあります。信じているなら、いろいろ取り入れてみると、お金に対するモチベーションの維持につながります。

「今、財布にいくら入っているか、だいたいの金額もわからない」ような無関心では、1000万円は夢のまた夢と言わざるを得ません。ダイエットしてきれいになりたいと思ったら、毎日体重計に乗って、自分の体重を意識しますよね。それと同じです。

　お金持ちになりたいなら、毎日お財布を見て、意識することが大事です。

　というわけで、神頼みや風水は、「お金を意識する状況をつくる」「お金を大切にする」という意味では◎。

　ただしそればっかりやっていても貯まりません。「お金を貯めるために大切な何か1つ」と言われたときに、選んではいけない行動です。

大事なのは、「努力➡神頼み」。 いきなり神頼みから始めない

1000万円貯めた女子が

やめたこと list

4 位

ポイ活
（ポイント活用）

〜〜〜〜〜〜〜〜〜〜〜〜〜〜〜〜〜

女子の意見

● 貯まっているポイントは微々たるもの。おまけに、「ポイントがつく」と思うと節約意識が持てず、出費は減らなかった

● ポイ活アプリに登録したら、「お得な情報」が次々届くように。むしろ前よりも出費が増えたかも……

● 毎回の買い物で、ポイントを考えるのが面倒くさくなった。他の貯まる方法を知ってしまうと、効率の悪さばかりが気になる

ポイ活はたしかに「お得」！
「でも貯まらない」のにはワケがある

「いつものお買い物も、○○経由でするだけで、ポイントが貯まる!!」

「初心者でも簡単!」

「毎月●万円の食費だけで、●円分お得!」

　ポイントを貯めたり、それで買い物をしたりする「ポイ活」。私が
お金のアドバイスをしている女子の中にも、熱心に取り組んでいる人
がいます。

> だって、いつもの出費なのに、ポイントがたくさんついた
> らお得じゃないですか

　と、私も何度か、彼女たちのおすすめのポイ活サイトを紹介されま
した、笑。

　でも、私は女子たちに、「お金持ちになりたいなら、ポイ活はしな
いほうがいい」と伝えています。

　その理由は、「お買い物で、ポイント還元」という仕組みそのものが、
「今あるお金をどう"使う"か」という視点に固定されているからです。

　本書は、1000万円貯めた女子たちに話を聞いています。ポイ活の
還元のレベルで、1000万円、あなたは貯められると思いますか?

　1000万円は極端だというのなら、10万円でも構いません。10万円
をポイントで貯めるために、いくらかかりますか?

　たとえば「100円で1ポイント、1ポイント1円でお買い物できる」
というポイントサービスは、大手コンビニチェーンなども導入してい
る、よくある還元率だと思います。

このコンビニで仮にポイントを10万円分貯めようとしたら……？
買い物金額は言うまでもないと思いますが、念のためお伝えします。
1000万円です。

いやいや、そのために出費を増やしているわけではないか
ら、いいんですよ。いつもの買い物で、いつの間にか貯ま
っているからいいんです

一般的なポイ活は、もっと還元率がいいですから

そうかもしれません。でも、「いつの間にかポイントが貯まってい
る」というのは、裏を返せば、「支出を管理できていない」というこ
とではありませんか？
「ポイントの還元率が高い」といっても、何十倍、何百倍、とまでは
いかないのでは？

ポイ活はしょせん「消費の正当化」

　私には、ポイントのサービスは、「消費者に、より多くのお金を使
わせる仕組み」の1つにしか見えません。企業は営利団体です。利益
にならないことはやりません。

　実際、多くの企業は消費を促すためにポイント制度を利用します。
要するに、ポイント制度によって消費者のお財布の奪い合いをしてい
る、のです。
　ポイントと購買意欲の関係は、行動経済学を少しでもかじれば、イ
ヤというほど見えてくるはずです。
　一切のポイ活をやめなさい、と言っているわけではありません。

　毎日行く近くのスーパーがあるなら、そのお店のポイントを貯める
のはいいと思います。貯めないよりも、貯めたほうが得になるでしょ
う。

　でも、「今日はポイント5倍デー」という日に、余計なものまで買う
のは、やはり損です。ポイントに心を奪われて、必要のないものまで
買うのは、ムダ遣い以外の何ものでもありません。

　基本的に「お金を使って得をすることはない」んです。

　大切なのは、ポイ活は企業側が儲かる仕組みの1つである、と理解
しておくことです。

　1000万円貯めるために必要なのは、「賢い消費者になる」ことでは
ありません。「仕事でお金を得て消費する」というルーティンから脱
却することです。

　「ポイ活」によって生まれる「ちょっとしたお得感」は、「仕事でお
金を得て、消費する」ルーティンを強めるものでこそあれ、1000万
円無理なく貯めるマインドとは異なります。

　本書を手に取ってくださっている方には、そこのところをぜひおさ
えておいていただきたいと思います。

「ポイントがつくから」を
浪費の理由にしない!

やめたこと
リスト
list

5 位（同率）

カード払いではなく現金払い

女子の意見

● 「カード払いよりも現金払いのほうが、お金を使っている感覚が強いから、ムダな出費が減る」と聞いてやってみた。けど、現金払いにしたところで必要な出費が減るわけでもなかった

● 昔っから親に「クレジットカードよりも現金を使え」「クレジットカードは借金みたいなもの」と言われてきた。でも、クレジットカード払いはポイントもつくし、明細も確認できるし……何より便利だと思う

カードでも現金でも、
結局「払っている」のは同じ

1000万円貯めた女子がやめたことの5つめは、「カード払いではなく現金払い」。つまり、買い物をするときに「カードか現金か」を選べる場合、これまでは現金払いを選んできたけれども、それをやめた、という意見です。

この「カード払い」には、電子マネーも含まれます。

そう、1000万円貯めた女子たちは、「カードだろうが、電子マネーだろうが、現金だろうが、好きな方法で払えばいい」と言うのです。それどころか、さらに話を聞いてみると、

 カードとか電子マネーで払ったほうが、実はお得ですよね

とまで言っていました。

たとえば、1万円の買い物をした場合、クレジットカードや電子マネーの多くはポイントが付与されます（33ページで私は「ポイ活」を否定する発言をしましたが、それはポイントのために積極的に何かをすることを止めるもの。自動でついてくるポイントを否定するものではありません。自動で貯まるポイントは私も好きです）。

また、何月何日に、どの店で、いくら使ったかを一覧にしてくれるので、23ページで家計簿をつけるのをやめた場合には、支出の管理にも使えます。

その意味では、何種類ものクレジットカードや電子マネーを併用するよりも、「クレジットカードはこれ」「電子マネーはこれ」と絞った

ほうが管理はしやすいでしょう。

（ 昭和・平成の価値観からは卒業を！ ）

ところで、冒頭で紹介した意見のように、

親に昔、クレジットカードよりも現金を使え、と言われました

という人は一定数いるようです。それでクレジットカードや電子マネーに抵抗感がもしあるならば、その抵抗感は今すぐ捨てなさい！

なぜか。その理由をお話ししましょう。

1つめ。まず、親御さんが「クレジットカードよりも現金を使え」と言ったのは、いつですか？
　大学生になったとき、社会人になったときなど、自身の購買行動や金銭感覚が固まりきっていない時期が大半ではないでしょうか。過去にカード地獄を経験したことのある方は、そのタイミングかもしれませんね。

これらはいずれも、「お金のリテラシーがないとき」。お金のリテラシーのまだないわが子が、カード地獄、借金地獄に陥らないように……という親の愛です。
　高校生の子どもに「門限は夜8時！」と言っていたのと同じ心境でしょう。

一方、本書を読んでいるみなさんは「書籍でお金の貯め方を勉強し

よう」というリテラシーをすでにお持ちです。

　そしてもちろん、クレジットカードや電子マネーで買い物をすれば、自分の口座の残高が減ることを知っています。そんな状態になった今、果たして親の言いつけを守る必要はあるでしょうか？　**門限同様、卒業してもいいと**私は思います。

　2つめ。ここ数年で、現金の利便性はどんどん下がっています。現金での支払いの場合、いつ、どこで使ったかを振り返れませんし、直接顔を合わせないとやりとりできません。何より衛生的とはいえません。この傾向は、新型コロナウイルスの流行によって、ますます顕著になりました。

　要するに、時代は着実に「脱・現金」の方向に流れているということです。今後は、もしかしたら「現金お断り」という店舗が増えていくかもしれません。

　それなのに、小銭をじゃらじゃらと持ち歩く生活にこだわる理由はない、といっていいのではないでしょうか。

「現金なら、踏みとどまれる」派に言いたいこと

 でも先生？　衝動的に欲しいものがあるときに、財布から直接お金がなくなると思うと、踏みとどまれるんです

という方は、本書の21ページをもう一度読みましょう。

　現金払いでは、より「損失」を大きく感じるという調査はたしかにあります。

　しかし、調査に云々いうよりも、「買わずに踏みとどまれるものを

買おうとした」ことを、反省してほしいと思います。

「現金払いなら買わないけど、カード払いなら買う」ものは、あなたの人生に必要なものではありませんね。もっといえば、「欲しいもの」かどうかも疑わしい。一瞬の衝動で「欲しい」と思わされているにすぎません。

クレジットカードか現金か、という「払い方」ではなく、「必要かどうか」で「買うか買わないか」の区別をつけられるようになることは、1000万円貯めるための大事な一歩です。

「お金が貯まらない」のは、
カードで払うからではない。
いらないものを買っているだけ

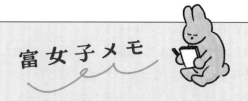

富女子メモ

リボ・キャッシングは
ビンボー生活への一本道

 私はリボにしています。毎月の支出額が一定なので、管理もしやすくて便利だし

 給料日前なのにお金がなくなっちゃった！ カードでキャッシングとかもいいですか？ これもカード払いの1つですよね？

　この2つは、1000万円貯められない女子の勘違いです。絶対に鵜呑みにしないでください。

　私はかれこれ15年、のべ5000人の女性に、お金を貯めるためのアドバイスをしています。その中で何度か耳にして、愕然としたのが、この2つの発言です。はじめて聞いたときは、純粋に驚いて、

 何言ってるんですか！ そんなことも知らないで、今までよく生きてこられましたね！

　と返してしまいました（その女性は、私のこの発言にショックを受けたそうですが、そのショックをモチベーションに、今は頑張ってお金を貯めています）。

さて、リボ払いとカードキャッシングは、なぜ、やめたほうがいいのでしょうか。

ここでは2つの理由をお話しします。

1 金利が高すぎる

まず、リボ払いとカードキャッシングの最大の問題は、金利（手数料率）が高すぎることです。それぞれ金利がどのくらいか、ご存じですか?

いくつかのカード会社のサイトを見比べてみると、リボ払いもカードキャッシングも、「実質年率8.04〜18.00％」「実質年率15％」「実質年率7.8〜18.0％」などと書いてあります。

この数字だけを見るとピンと来ないかもしれませんが、この金利ははっきりいって、めちゃめちゃ高い。自己破産にいたりかねない、危険な数字です。

ついでにいっておくと、「実質年率8.04〜18.00％」「実質年率7.8〜18.0％」と書かれていた場合、ほぼ上限金利の適用となります。上限金利とは、いちばん高い金利のこと。つまり、「実質年率8.04〜18.00％」と書いてあったら、ほぼほぼ18％になるということで、8.04％ということはまずありません。

これは、何年そのクレジットカードを使っていても同じです。「長年使っていたから金利が安くなった」という話は聞いたことがありません。

　具体的に計算してみましょう。たとえば、金利18％で5年間、60回払いの返済で、50万円キャッシングするとします。

　すると、月々の返済額は1万2696円。

なんだ、やっぱたいしたことないじゃん

　そうでしょうか？　もう少しよく見てください。1万2696円を60回払うと、トータルでいくらになりますか？　約76万円です。

　つまり、50万円しか借りていないのに、26万円も金利を払うことになるわけです。

えっ、じゃあ1.5倍払わないといけなくなるの？

　そうです。

　リボ払いやキャッシングの金利はすべて、他の金利よりも高めに設定されています。貸す側からすれば、お金が返ってこないリスクもあるわけだから、金利は高くなりがちなのです。

金利ってヤバ……。じゃあもういいです。金利を払わなきゃいけないお金は借りないということで、わかりました

　ちょっと待ってください！　そういうわけではありません。「お金を貯めたい」のなら、「金利＝ダメ」とひとくくりにするのではなく、**「金利の数字をちゃんと見て、許容できるラインを知っておく」**という考えを持っていただきたいのです。

　試しに、もっと低い金利で考えてみましょう。

　日本で金利が低いのは銀行の住宅ローンで、銀行や借りる人の状

況によって違うけど、だいたい変動金利で今、1%を切るぐらいです（2023年10月現在）。

仮に金利1%で先ほどと同じ50万円を5年借りたときには、月々の返済額が8546円、トータルの返済金額は約51万2760円です。

そう、同じ「お金を借りる」でも、金利が違えば返済額は大違いなのです。

ちなみに、ここではクレジットカードのキャッシングやリボ払いを見ましたが、金融機関のカードキャッシングも、ア○ム、プロ○ス、○イフルなどの大手の消費者金融も、いわゆる「街金」といわれる中小の消費者金融の会社も、ぜーんぶ、キャッシングの最高金利は、年15〜20％と法律で決まっています。

借入額ごとの上限金利

元本の金額が、 **10万円未満：上限20％**

10万〜100万円未満：18％

100万円以上：15％

クレジットカードがまずいなら、銀行はどうですか？
最近、「銀行のカードローン」とか、CMで見ました。
銀行なら、悪くないように思いますが……

補足として銀行のカードローンも説明しておきましょう。

銀行のカードでクレジット機能がついている場合は、だいたいキャッシングサービスもセットになっています。

　預金残高がある場合は特に問題がありませんが、口座にお金がない場合は要注意。預金残高を超えて引き出そうとした場合には、キャッシングサービスに切り替わることがあります。

　一応「キャッシングにしますか」という案内は出ます。意味がわからずに、「はい」と押してしまうと、その瞬間から、15〜20％の金利が適用になるので、気をつけましょう。

　銀行でも消費者金融でも、金利は金利。実態は変わりません。

　さらに、「リスク」という点でいえば、銀行のカードローンのほうが高くなってしまう可能性があることも、ここではお伝えしておきましょう。

　ある人がお金を借りようとした場合、消費者金融で借りるよりも銀行で借りたほうが、「返せない額になるほどたくさんのお金を借りてしまう可能性がある」ということです。

　その背景には「総量規制」があります。消費者金融でお金を借りる場合、借りられる金額には上限があります。収入の3分の1です。ざっくりいうと、収入が300万円の人は100万円までしか借りられないということ。

　どんなに手元に現金が必要で、金利を気にしないとしても、これ以上の貸し出しは法律で禁じられています。

　そもそも、消費者金融をはじめとする貸金業者は、借り手の返済能力を超えてお金を貸すことができません。その目安として、この「収入の3分の1」という線引きがされているのです。

　しかし、銀行のカードローンはこの総量規制の対象外。銀行は消費者金融ではありませんから、法律で規制されていないのです。

　もちろん、だからといって無限にお金が借りられるということは

ありませんが、審査を経たとしても、リスクが高いことに変わりは
ありません。

　話が少しそれましたが、とにかく、クレジットカードにしても銀
行にしても、高金利でお金を借りるのは危険です。

　個人でお金を借りる場合、金利の上限はせいぜい「5％」。それ
以上の金利ではお金を借りない。

　みなさんも、そう決めたほうがいいでしょう（ただし、会社が事
業のためにお金を借りる場合は、この限りではありません）。

金利や利息をちゃんと見なきゃいけないのはわかりま
した。でも、私の使っているクレカには「金利」「利息」
って言葉は書いてないです。どこを見ればいいですか?

　いい質問ですね。金融機関やカード会社では、金利のことを「手
数料率」と呼んでいます。
　ですから、手数料率と書かれているところが金利や利息というこ
とになります。多少言葉が違うとしても、金利が書いていないクレ
ジットカードは存在しませんので、必ずチェックしてください。

なんでわざわざ違う名称で呼んでいるの?

　それは私にはわかりません。でも、これは個人の感覚かもしれま
せんが、私は「金利」といわれるより「手数料率」といわれたほう
が、マイルドな感じを受けるような気がします。
　「かかっても仕方がない」という感じが強まるというか……。
　どうでしょう?

2 習慣化しやすく、
一度始めるとなかなか抜け出せない

 この間、ネットで「はじめてなら○日間金利無料」という消費者金融の広告を見ました。利息がタダなら借りてもいいんじゃないですか?

　リボ払いやキャッシングの怖いところはここです。「タダほど高いものはない」って聞いたことありませんか?
　「金利無料」は、敷居を下げてキャッシングの世界に引き込もう、という営業の手段です。

　人は、はじめてのことに対しては警戒心を持ちやすいものです。
　たとえば海外旅行を考えてみてください。海外に行ったことがなくて、行きすぎなまでに「海外＝危険、日本＝安全」と思い込んでいる人はいませんか?
　その中には、一度しぶしぶでも海外に行くと、その後は海外旅行好きになる人も少なくありません。

　キャッシングも同じです。一度キャッシングを経験して、「意外と簡単だった!」という経験は、「またお金がなくなったら、簡単に借りられるし」というマインドにつながります。
　そういうマインドが生まれると、不思議とお金を借りなきゃいけない場面も増えがちに。そして2度、3度と借りていくうちに習慣化もあり得ます。

　すると、もうド貧乏まっしぐら。富女子を目指したいなら、銀行

であっても、消費者金融であっても、キャッシングの門をたたかないほうが無難です。

　これに関連して、「カード会社から毎月のようにリボ払いを勧めるメールや通知が来る」ということも聞いたことがあります。リボ払いも、始めるのはとても簡単です。そして、借りているお金が少額のうちは、リボ払いであっても返すのは難しくはありません。

　しかし、カード払いに追われている人の多くは、それを繰り返していくうちにどんどん返済額が膨らみ続けてしまう。最初の1回の「意外と簡単だった！」という経験が習慣化の始まりなのです。

　リボ払いもキャッシングも、まだやったことがない人ならば、「やらないまま」でい続けましょう。

　もし、もう始めてしまっているなら、1日も早くリボをやめる。キャッシングのお金を返す。

　完済はたやすいことではないかもしれませんが、染みついてしまった悪習慣を断ち切るには、最初は多少の痛みが避けて通れないものなのです。

　何度も営業の手間をかけてでも、銀行やカード会社、消費者金融には、みなさんをキャッシングやリボ払いに引き込むメリットがあるわけです。

　カモにならないためにも、金利についての最低限の知識を身につけておきましょう。

 「キャッシングもリボ払いも避ける」となると、急にお金が必要になったときにはどうしたらいいのでしょうか？

　まず何よりも、必要以上にお金を使わないことが大事です。

　もし「お金が必要」の理由が、飲み会や買い物ならば、お金を借りる前に、

「お金を借りてまで行きたい飲み会なの?」

「そこまでして買わなきゃいけない服なの?」

　と立ち止まって考えます。

「あとで返済地獄に落ちてしまっても、今、お金を使わなければいけないの?」

「未来の自分に借金を背負わせてでも、今、買わなきゃいけないものなの?」

　と。そこで踏みとどまれるかどうかが、1つの大きな分岐点です。

「お金が必要」の理由が、急な病気や事故、子どもの学費など、「本当に必要なこと」の場合、キャッシング以外の方法を検討してみましょう。

　より安い金利でお金を借りられたり、支払いが免除されたり、一部減免されたり、などの制度が整えられているものが多くあります。

　あるいは、自動車の購入や住宅リフォームなど、目的が限定されているローンは安い金利で借りられることも多くあります。調べて活用するといいですね。

支払いが免除になったり、 お金を安く借りられる制度の一例

急な病気や事故で高い医療費が払えない!

高額療養費制度 …… かかった医療費が高額になった場合、決まった自己負担の限度額を超えたときにあとで払い戻される制度。詳しくは156ページ参照。

そもそも高額医療費を払えない!

高額医療費貸付制度 …… 高額療養費が支給されるまでの間、高額療養費支給見込額の8割相当額を無利子で貸付を行う制度。問い合わせ先は全国健康保険協会。

子どもの学費が払えない!

教育支援資金 …… 月3万5000円以内（高校）、月6万5000円以内（大学）など、無利子で借りられる。ただし所得などの条件がある。問い合わせ先は社会福祉協議会。

国の教育ローン …… 日本政策金融公庫による貸付。受験のための交通費や受験料でも利用可能。収入が規定以下の人のみ利用できるローンで、上限350万円まで借りられる。固定金利（2023年10月現在2.25％）。

教育ローン …… 銀行などの金融機関で、低金利で借りられる。問い合わせ先は各金融機関。

給付奨学金（返済不要） …… 高校生や大学生が対象。問い合わせ先は独立行政法人日本学生支援機構。

生活に困っている!

生活福祉資金貸付制度 …… 生活に困窮している世帯が対象。問い合わせ先は社会福祉協議会。

それ以外にも、申請するともらえる助成金があります。
一例を表にしておきます。

制度	内容	問い合わせ先
特定一般教育訓練給付制度	• 厚生労働大臣が指定する講座を受ける場合、教育訓練経費の40%（上限20万円）が支給される • 介護職員初任者研修など対象が限られる	ハローワーク
一般教育訓練給付	• スキルアップや資格取得のためにかかる経費を支給 • 支払った費用の20%（上限10万円） • 厚生労働大臣が指定する講座を受ける	ハローワーク
住居確保給付金	• 主たる生計維持者が離職・廃業後2年以内である場合などに、家賃が3カ月支給される。上限あり	地域の自立相談支援機関
妊婦健診費用の助成	• 約14回の妊婦健診が無料、または一部負担で受けられる	自治体
出産育児一時金	• 子ども一人につき50万円を支給	国民健康保険や企業の健康保険
育児休業給付金	• 育児休業の開始から180日間は賃金の約67%、181日以降は約50%もらえる。 • 雇用保険に加入していることなど、条件あり	ハローワーク（ただし手続きは勤務先が窓口となる）
乳幼児医療費助成制度	• 自己負担の全額、あるいは一部を助成 • 国民健康保険や企業の健康保険に加入している子どもが対象	自治体

制度	内容	問い合わせ先
児童手当	・子どもの年齢に応じて月額1万〜1万5000円（中学校を卒業するまで。収入によって上限あり）	自治体
児童扶養手当	・ひとり親家庭が対象 ・月4万3070円が上限（児童1人の場合。2人目以降加算あり） ・所得制限あり	自治体
就学援助制度	・ランドセル購入費、体操服、修学旅行費など。支給額は自治体によって異なる。年間10万円前後支給されるケースも	自治体

今、若くて元気に働けている人でも、病気やケガで働けなくなるリスク、勤め先の企業が倒産するリスクなどを考慮して、最低200万円、あるいは給与の半年分くらいは現預金で持っておきましょう。このお金を「緊急予備資金」といいます

1000万円貯めた女子が

やめたこと
list

5 位（同率）

節約生活

女子の意見

● 「節約」と思ってガマンしたらストレスがたまって、かえって余計な出費が増えた

● 節約中はそこそこお金が貯まるが、その後「節約したし、まいっか」と散財。結局、プラスマイナスではトントン

女子の貯金の失敗の典型パターン
「ちょっと貯めて、ご褒美に浪費」

女子たちにお金のアドバイスをしている中で、あるとき、私とは根本的に考え方が違うことに気がつきました。

「お金持ちになろう」と思ったとき、私は「収入や手持ちのお金をどう増やすか」とまず考えます。

しかし、多くの女子は「使うお金をどう減らすか」をまず考えているのです。

私の周囲にはたまたま堅実思考の女子が集まっていたのかもしれませんが、アドバイスを始めた当初、この考え方の違いにはおおいに驚かされました。

その象徴が「節約」です。

富女子会はお金について学び合う女性たちのサークルの要素もあり、たまに複数のメンバーが集まって、最近のお金の状況を話したりもします。すると、

 今月は〇〇円、出費を減らせました

という話が始まります。「お金を貯める＝節約」の図式があるようなのです。同様に、

 年収300万円台の女性でも、5年で1000万円なら、無理なく貯められますよ

とお話しすると、

私の給料は額面で500万円くらいですから、単純計算で、5年で2500万円。そこから1000万円を貯めるなんて、現実的ではないと思うのですが

と返されます。そもそも手持ちのお金を増やそう、収入を増やそうという発想がないのです。

本書を手に取ってくださっているあなたはどうでしょう?

もちろん、「今すぐに投資をしろ」「手持ちの資金をレバレッジ（=借り入れを利用して、収益を高めること）で増やせ」などと言うつもりはありません。

でも、少し考えていただきたい。

今まで思うようにお金を貯めてこられなかった方が、ちょっと節約したとしても、劇的にお金が貯まることはありません。

家計簿を短期間つけて、垂れ流し状態になっていたムダな出費を見直し、省くことはもちろん必要です。決意してコンビニに行く回数を減らせば、その分、お金は貯まります。「チリも積もれば山となる」も、間違いではないでしょう。

ただ、それ自体がストレスになるような過度の節約、ガマンの日々は、どうかと思います。実践するにしても「期間限定」にしましょう。

なぜか。それは、**お金を貯めることと、ケチになることは根本的に違う**からです。

お金を貯めたい理由として、多くの人は、「将来の不安をなくして、心身ともに豊かになりたい」と挙げます。それなのに、

お金がもったいないから、これはやめよう

 海外旅行に行きたいけど、お金がかかるから国内にしよう

と、とにかくケチに徹するとしたら、豊かさとはかけ離れませんか?

徹底した節約の先に待つのは、わずかな貯金と、心身ともの貧しさなのではないでしょうか。

また、ダイエットのリバウンドに象徴されるように、ガマンをすればあとで必ず限界を迎え、リバウンドして、ガマン前よりも悪い状況になるのです。

というわけで、ガマン勝負の節約は、「期間限定」で。ご褒美に浪費してしまうようなら、今すぐやめること。

「お金が貯まっていくことがご褒美です」と言えない人には、絶対向きません。

家が散らかっている人は、 節約よりも「片づけ」を

そうはいっても、ライフスタイルによってお金の「貯まりやすい」「貯まりにくい」はあります。私は、過度の節約に走るのではなく、「自然と貯まっていく生活」に切り替えることを勧めます。

それはずばり、家・部屋の片づけです。

みなさん、部屋はきれいに片づいていますか。お金持ちになるには、まずは自己管理が不可欠です。お金の管理はもちろん、ものの管理も大切です。散らかっていれば、使いたいものが見つからずに、つい同じものを買ってしまうことになりかねない。これは「単なるムダ遣い」です。

　それから、居住費は生活費の中でも大きな割合を占めています。家賃でも住宅ローンでも同様です。10畳のワンルームを月10万円で借りているとすれば、1畳に1万円払っていることになる。「スペース＝お金」です。

　もし、1畳分が不用品置き場になっているとすれば、1万円をドブに捨てているも同然です。お金を大切にしない人にはお金は入ってきません。

　余談ですが、散らかっていると、健康にも悪いですよね。ホコリや汚れには、「陰」の気がこもりますから、体調の悪化にもつながります。気持ちもうつうつとしてくるかもしれません。

　富女子会のメンバーにも、『人生がときめく片づけの魔法　改訂版』（河出書房新社）の著者でアメリカでもブームになった「こんまり」さんこと近藤麻理恵さんに片づけ法を学び、こんまり®流の片づけコンサルタント資格を取得した人がいます。彼女もまた、「1500万円以上の貯金」を達成し、「年収も100万円アップ」しました。

　お金を貯めるうえでも掃除や片づけは大事です。残った時間にやるのではなく、あらかじめ「掃除の時間」を取るようにして、一刻も早くゴミ部屋貧乏女子から抜け出し、美部屋お金持ち女子になってください。

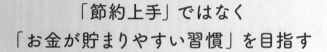

「節約上手」ではなく
「お金が貯まりやすい習慣」を目指す

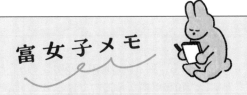

富女子メモ

20代必見!
投資をまったくせずに
「未来の年金を増やす」確実な方法

　前の項目では、「出費を減らそうとしても、限界がある」こと、「とにかく"出費を減らそう"とすると、かえって貧しい人生になりかねない」ことをお話ししました。

　みなさんにおすすめしたいのは、反対に「未来の収入を増やす」方法です。

　ここでは特に、「年金」に注目してお伝えします。

　4年制大学出身など、20代で学生をされていた方に、質問です。みなさんは、「学生納付特例」制度を利用していましたか?

　日本では、20歳以上60歳未満で、厚生年金保険に加入していない人は、すべて国民年金の被保険者になります。つまり、保険料を払う決まりです。

　でも、学生時代は一定の収入がないとみなされるため、申請すれば納付の「猶予（ゆうよ）」を受けることができます。日本の大学生の6割以上が利用している、便利な制度です。

　しかしこの制度はあくまで「猶予」してくれるだけ。卒業後に追納（のう）（追って納めること）をしないと、将来もらえる年金額が減ってしまいます。

　この「学生納付特例」以外でも、何らかの理由で滞納していると、年金額が減ります。滞納後、10年以内なら追納できるので、払っておくことを強くおすすめします。

　なお、自分の年金納付の状況は、毎年誕生月に届く「ねんきん定期便」や「ねんきんネット」「マイナポータル」などに記載されています。さっそく見てみてください。

「学生納付特例、受けたっけ?」
ねんきん定期便の見方

　自分が学生納付特例を受けたかどうか、あるいは滞納期間の有無は、「ねんきん定期便」や「ねんきんネット」「マイナポータル」に記載されている「保険料納付額」「年金加入期間」で見ることができます。
　まず、記載されている「加入制度」を見てください。多くの方が当てはまるのが、下記の2つです。

　　国民年金……フリーランスや自営業者、学生が納めます。
　　厚生年金……会社員や公務員が納めます。

「厚生年金」は、給与天引きの形で納めるので、納付漏れは起こりません。
　一方、注目してほしいのが、「国民年金」です。こちらは、厚生年金に加入していない期間に納めるもので、20歳の誕生月から納付義務が発生します。
　たとえば、5月生まれで4年制大学をストレートで卒業し、企業

に勤めた場合、20歳5月〜22歳3月が国民年金対象期間になりますので、66ページの①の箇所に35カ月分の保険料が記載されていればOKです。

　フリーランスや自営業者の場合は、その期間だけ国民年金の加入月数が多くなりますので、確認することをおすすめします。

公的年金は超お得！
活用しない手はない

　なぜ、国民年金を見直したほうがいいか。年金を支払うのは、国民の義務、ということもありますが、それだけではありません。
　国民年金や厚生年金などの公的年金制度は、めちゃめちゃいい制度で、とってもお得だからです。

> ニュースなどを見ていると、今の若い世代は年金がもらえないかも、などと言っていますし、公的年金以外にも2000万円必要（老後2000万円問題）とも聞きましたが？

　はい、たしかにそういう報道もあります。こういうニュースを見ると、「日本の年金制度はダメだ」と思えてしまうかもしれませんね。

　ただし、それらのニュースからは重要なことが抜けています。それは、公的年金のプラスの側面です。

公的年金のプラスの側面

❶ 老後は死ぬまでもらえる。

❷ 遺族年金や障害基礎年金がもらえる。

❸ インフレに強い。

❹ 半分は国や会社が払っている。

❺ 保険料が払えなくなったときは、保険料の納付猶予または全額、もしくは一部（4分の1、半額、4分の3）が免除になる制度がある。

 うわ、けっこうたくさんメリットがあるんですね

　あるある。まず❶。公的年金は、「老後は死ぬまでもらえる」という性質があります。

　そして、そもそもが「国民の生活を守るため」につくられた制度なので、保険のような働きも併せ持っています。それが、❷の「遺族年金や障害基礎年金がもらえる」です。

　たとえば、不幸なことに、あなたが小さな子どもを残して早死にしてしまったとしましょう。悲しいだけでなく、子どもは生活費の確保という大きな課題を抱えることになってしまいますよね。そうしたときに残された子どもに遺族年金が出る仕組みがあるのです。

　あるいは、自分が事故や病気になって体が不自由になったときにも障害基礎年金という仕組みがあります。保険会社の個人年金では、こういうものは出ません。

　❸が「インフレに強い」。これは昨今の「物価高」を受けて、気

になる人も多いのではないでしょうか。

　詳しくいえば、公的年金は「物価スライド方式」が取られていて、これがインフレ時の大きなメリットなのです。

「物価スライド方式」、聞いたことはありますか?

　たぶん、高校の政治経済などの授業で出てきたかと思いますが、簡単にいえば、将来インフレ（ものの値段が上がり続けて、お金の価値が下がること）になって、ものの値段が上がったときに、支払われる公的年金も一緒に上がる、ということです。

　たとえば、「今1個100円で買えるアイスが、30年後は1000円払わないと買えない」ほど値上がりしたとする。ものの値段が上がると、通常はみなさんが受け取る給料も増えるため、働いてお金を稼いでいる分には、生活に支障は出ません。

「日本人だけ給料が増えていない」というニュースを目にしたこともあるかもしれませんが、それでも従業員が食べていけないほどインフレが進めば、企業は何らかの手を打たざるを得ないはずです。

　一方、年金で生活している人はどうでしょう?

　100円だったアイスが1000円になったということは、ものの値段が10倍になったということです。

　仮に「年金は、物価に関係なく1万円です」となったら、アイスが100円の頃に年金1万円をもらう人と、アイスが1000円になってから年金1万円をもらう人とでは、生活水準は大きく変わることになります。

　こうした物価の変化で生活できない人が出てしまわないように、物価に合わせて年金額も変えましょう、というのが「物価スライド方式」です。

　ちなみに、同じように「年金」と名前がついていたとしても、一

般の保険会社が提供している個人年金にはこうした性質がないのがほとんどです。ほとんどの個人年金は、将来受け取る金額が契約時に決められており、基本は払い込んだ保険料相当分しか出ません。

　30年前に「将来は2万円の個人年金を払います」という契約だった場合、物価がどれだけ上がったとしても出るのは2万円。配当金という形で多少の上乗せがあるかもしれませんが、物価の変化への配慮はほとんどないと見ていいでしょう。

　公的年金のお得なポイントの4つめは、❹「半分は国や会社が払っている」ことです。

　公的年金には国民年金と厚生年金があります。

　国民年金は「基礎年金」ともいわれ、20歳以上60歳未満の人なら誰でも加入しているものです。自営業、会社員、公務員、専業主婦（夫）、学生など仕事を問わず全員加入が原則です（厚生年金加入者は、厚生年金保険が加入者に代わって国民年金を負担しています）。この国民年金は、支給されるときに国（国庫）が半額を負担することになっています（あとの半分は保険料と運用収入）。

　令和4年度は、40年間納めた人は満額77万7800円（月額6万4816円）を毎年もらえますが、この半分は国が負担しています（学生納付特例を利用して追納しなかった場合は、この部分が減額になります）。

　厚生年金は主に会社員（一定条件を満たした派遣社員も含む）が加入するものですが、納めるときの保険料を、会社が半分払うことになっています。

　つまり、もし、給与明細に厚生年金の保険料が2万円と書かれていたとすれば、あなたの勤めている会社が2万円上乗せするという仕組みです。この場合、あなたは厚生年金の保険料として、4万円を納めていることになります。

　こうしたサポートを「お得」と表現していいかはわかりませんが、

きちんと納めればその分以上のリターンがあるといって間違いないでしょう。

もう1つ、意外に重要なのが ❺「保険料が払えなくなったときは、保険料の納付猶予または全額、もしくは一部（4分の1、半額、4分の3）が免除になる制度がある」ことです。

今は若くて元気な人であっても、ケガや病気で働けなくなってしまうリスクはゼロではありませんよね。ケガや病気で苦しんでいる中、年金保険料を納めるのは、かなり大きな負担になるはずです。

かといって、保険料の支払いをしないことで、将来もらえる年金額が大きく減って、生活もままならない、となってしまうのも困りますよね。

そうした場合に申請をすることで、「待ちますよ」「半分は国が払っておきますよ」となる制度があります。

公的年金は、国が国民の生活を維持するために用意している制度ですから、その分、セーフティーネットがしっかりしています。つまり、生活できないほど困る人がなるべく出ないように、多くの人をフォローできるように設計されているのです。

というわけで、年金は支払っておいたほうが、断然お得です。

 海外にいたり、病気をしていたりして、国民年金を納付せずにもう40歳になってしまいました……今から納付し始めても遅いですか？

国民年金の納付期間は20歳から60歳までの40年間で、2017年7月31日までは、25年以上年金保険料を納付しないと受給することができませんでした。しかし現在は、最低10年（120月）払えば、将来、公的年金を受け取れます。

　ですので、**50歳未満であれば、納めたほうがいい**というのが私の意見です。

　もちろん、長く払ったほうが多くもらえるのは言うまでもありません。40年間保険料を納付した場合は満額、10年間納付した場合は、だいたいその4分の1になります。

　「ねんきん定期便」の「加入実績に応じた年金額」というところを見て、現時点での将来もらえる額を見てみてください。

「ねんきん定期便」の例

❶学生納付特例を受けているか？
（会社員の場合）

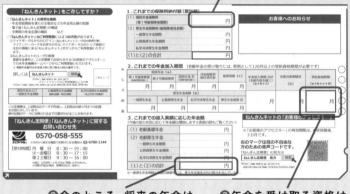

**❷今のところ、将来の年金は
　いくらもらえるか？**

**❸年金を受け取る資格は
　あるか？**
（120以上ならOK）

　まあ、アラサーの人は、年金を払い始めてからまだ10年前後で納付した金額が少ないため、記載されている「もらえる額」も小さいと思います。

　だけど、これから年金保険料を払っていけば、当然増えていくわけだから、それを楽しみに払っていくことですね。

Part

2

始めた人から

にっこり

続出！

やったこと

リスト

list

1000万円貯めた女子が

やったこと list

リスト

1位

給与天引きの
積立・投資

女子の意見

● 積立がいちばん。自動で給与から天引きされるようにして、数カ月後に口座を見たら「こんなに貯まってる!」となり、楽しい

●「投資家」っていうのは遠い存在だと思っていたけれども、会社員の自分でも案外簡単になれた(iDeCoしかやっていませんが)

● 天引きで積み立てられるから、知らない間に増えている感じがする。どんどん貯めて、いつか金の塊を握りしめたい!

余ったお金を貯金するんじゃなく、天引き貯金後、余ったお金で生活を

今回、1000万円貯めた女子100人にアンケートを取ったところ、「私はこれで貯めました」という人がダントツで多かったのが、

・給与天引きの積立型（財形貯蓄）
・毎月一定金額が、別口座に振り替えられる（自動積立定期預金など）

というスタイルの貯金でした。そう、みなさん口をそろえて、

「余ったお金を貯金する」のをやめて、「最初に貯金分を引き落とす」生活にしたら、お金が貯まった

というのです。

最初に貯金分を引き落とすと何がいいのか。それは簡単で、「つい使っちゃう」がなくなることです。

給与が支給されてすぐ、その分のお金が別の口座に移されます。イメージとしては、「もともとの入ってくる額が変わる」ような状態です。

となれば、多くの方は、「今あるお金を、どうやって使おうか」という思考になりますよね。

つまり、貯金に回された分のお金については深く考える必要がなく（もはや貯金が習慣化して）、天引き後のお金で生活ができるというわけです。

世界的に有名なお金の本『金持ち父さん 貧乏父さん』（筑摩書房）の著者、ロバート・キヨサキは、手に入ったお金はまず「自分に支払うべきだ」といいます。自分に支払うとはつまり、貯金をすること。他人に支払うよりも前に、自分のお金を天引きの仕組みを使って自分に

支払うだけで、「何もしなくても貯まっていく」。考えただけで、いいと思いませんか?

 自動的に引かれるのって、なんかイヤかも。自分で毎月貯金、とかどうですか

 そもそも、積立の設定って、銀行に行かないとできないですよね? それ自体が面倒くさいです……

　なるほど。中には、自動積立にしないでどうにか貯めよう、と思う方もいるかもしれませんね。1000万円貯めた方の中にも、その気持ちはわかる、という人もいました。

　しかし、「毎月○万円、給与から取り分けて貯める」というのは、言うほど簡単ではありません。というか、簡単だったらもう、できていますよね? 今、十分に貯金をできていないなら、これからも難しいと考えたほうがいいと思います。

　また、「とりあえず生活して、余ったお金を貯金しよう」というのは、繰り返しになりますが、おすすめしません。
　貯金に関しては、自分の気合、やる気、ガッツ、決意、全部信じちゃいけません。最初の数カ月はできるかもしれませんが、九分九厘、挫折します。
　なぜかって? 毎日毎日、気合を入れて生活することができますか? いや無理でしょう。

　そうではなくて、**「お金を貯めよう」と気合が入っているときに、貯まる仕組みをつくってしまうこと。**貯める環境を自分でつくることです。貯金は意志より仕組みが大事です。

貯める仕組みづくり、何から始める？

　勤務先に「財形貯蓄制度」があるのなら、この貯金方法がおすすめです。

　「財形貯蓄」とは簡単にいえば、企業が貯金を応援してくれる制度。「一般財形貯蓄」「財形年金貯蓄」「財形住宅貯蓄」の3つから、目的と税制（後者2つは優遇あり）、自分の年齢などに合わせて選びます。あとは、自分で決めた積立額が、毎月給料から自動で天引きされる仕組みです。振り込まれる給料はすでに貯金額が天引きされたあとなので、その額で生活するしかありません。

　なお、その会社を退職した場合は払い出すことになりますが、転職先にも同じ制度があれば、移換する（持ち運ぶ）ことができます（払い出して税制優遇基準を満たさなくなった場合は課税されます）。

　財形貯蓄制度を勧める理由は、「解約するとき、会社の担当者に伝えなければならないから」です。伝えること自体が手間ですし、人の気持ちとして社内の人に解約を知られたくないもの。

　さらに会社によっては、引き出せる期間が決まっている場合もあります。要するに、「引き出しにくい」のです。

　貯金は、解約や引き出すのに手間がかかればかかるほど、貯まります。ブタの貯金箱も、蓋つきのものだと、つい開けて取り出してしまうので、なかなか貯まりません。蓋なしで壊さないと中身を取り出せないものであれば、貯まっていきます。

　意志の弱い人ほど、「一度始めたら自動で貯まって、取り出す（引き出す）のに手間のかかる」貯金がおすすめです。

財形貯蓄を始める方法
担当部署（総務部や人事部など）に相談する。

　銀行で、毎月自動で貯金をしていく「自動積立定期預金」もおすすめです。手順は簡単です。

自動積立定期預金の手順
ステップ1　口座のある銀行に、通帳と印鑑、
　　　　　　　本人確認書類を持っていく
ステップ2　書類を記入（このときに金額も決める）
ステップ3　窓口に提出して完了!

　ちなみに、天引き型の資産形成の方法として、毎月口座から自動引き落としで投資していく「積立投信」や、毎月一定額の金や銀、プラチナを自動で購入していく「純金積立」「純銀積立」「プラチナ積立」などもあります。外貨建ての保険商品なども、似たような性質といえるかもしれませんね。

　今から老後が心配な人は、確定拠出年金（企業型はDC、個人型はiDeCo）もいいですよ。60歳までお金を引き出せませんから、確実に貯まります。

　DCやiDeCoに関しては85ページで、NISA（少額投資非課税制度）の積立投資については101ページで、金銀プラチナの積立については115ページで詳しくお話しするので、参照してください。

この積立のスタイルは、まさに「働く女性」向けといえるでしょう。

「せっかく貯まった別口座」から引き出すのは「いつもより悔しい」

自動積立定期預金の口座を開設すると、その口座は実質、「貯まっていく一方」になります。どんなに貯金に興味がない人でも、金額がただ増えていく口座があるというのは、なんとなく心躍りませんか？シンプルに、楽しいですよね。

実際、「自動積立」式で貯金を始めた女子たちが言うには、何か高額のものを購入しようか考える際に、

 これまでコツコツ貯めてきたこの貯金を切り崩してでも、買うべき？

という視点が増えるそうです。

その検討の結果、「やっぱり買おう」となるとしても、勢いだけで買わずに立ち止まって考える機会が生まれるのは、とても大事なことです。

では、いくら貯めたらいいのか？

5年で1000万円、という目標を掲げる方は、月々の積立額は、最低でも5万円からにしましょう。1年で60万円貯まる計算です。もちろん、「もっとできます！」という人は、月々7万円でも10万円でも、ご自由にどうぞ。

貯金の不思議なところですが、「毎月の額を低くしたらラクで長続きする」という話は、聞いたことがありません。それよりも、

最初は「毎月こんなに天引きして大丈夫!?」と心配になったけど、毎月ぐんぐん貯まっていくのが楽しくて長続きしています

 積立を始めて、ちょっと放置しちゃってたのですが、思い出して口座を見たらすごく貯まっていました! 過去の自分をほめたいです、笑

　という人のほうが、圧倒的に多いのです。

　さらに理想をいえば、毎月5万円ずつ貯金して10カ月で50万円、夏と冬のボーナス月は25万円ずつ貯金する。これは、富女子会の貯金成功パターンでもあります。だいたいみんなこれで、うまくいっているのです。

積立預金は「未来が楽しくなる」ツール

　私は若い頃から、「どうすれば、一般サラリーマン家庭に生まれた自分でもお金持ちになれるのか」を考えに考え、実践してきました。

　そして、今多くの女子のお金の相談にのっているわけなのですが、お金が貯まる仕組みができると芽生えるのが、
「あー、早く5年後、10年後にならないかなー!」
という"わくわく感"です。

　たとえば今、貯金額が0円の人でも、月3万円の積立をすれば、5年後には180万円が貯まっている。

　さらにしっかりお金について勉強して、投資の知識を身につけたらどうでしょう。

私自身の話で恐縮ですが、私は不動産投資もしていて、放っておいても、それだけで1年経つと2000万円ずつ豊かになっていく計算です。

　5年経てばその分、年も取りますが、「1億円貯まっているから、まいっか」って思える。年を取ってそれだけ、不安なことやできなくなることが増えたとしても、それなりにお金があれば、「きっと乗り切れるさ」と楽観的でいられます。

　しつこいようですが、積立預金などの「意志の力に頼らず、お金が貯まっていく貯金の仕組み」は、未来への実際の備えだけでなく、「心の安定剤」としても本当におすすめです。

　貯金を考えるときのベースは「将来が豊かになる」ことです。
　今、あなたのやっている貯金で、将来がよくなる。だから、「今、ちょっと頑張りましょうよ」と考えることが大切です。

「忍耐」は「未来のために前向きに耐え忍ぶこと」です。
　イヤなものをしぶしぶ受け入れるガマンとは違います。
　今頑張って5万円貯金するっていうのは、まさに未来のための忍耐ですよ。

　貯金は、最初は、この「忍耐」が必要です。仕事ってガマンしてるでしょ？　先の希望がなくても、ただ、ガマンして働いている。それは、耐えられないんですよ。
　毎月、5万円貯めるのは忍耐です。「将来、豊かになるための忍耐だな」と思うと、耐えられるし、慣れてきます。
　すると、人生、早い時期にガマンしなくていい段階までいけるはずです。

1000万円貯めた女子が

やったこと list

1位

給与天引きの積立・投資

「貯金以外の 天引き資産形成」を 始める

積立定期預金は結局、預金。目の前の お金を移動しているだけにすぎない

前の項目で、「今すぐ積立定期預金を!」とかなり強くおすすめしました。

しかし当たり前ですが、「月5万円の定期積立」では、「5年で1000万円」は絶対に貯まりません。5年分の積立額300万円に、利息がついてもボーナスからの貯金を加えても、どう考えても計算が合わないからです。

はい。そうなんです。「月5万円の定期積立」は、あくまでお金を貯める第一歩。

　いつまでも、利息0.002〜0.3％程度の定期預金に預けておく理由はありません。

　前の章で「お金を借りるときは利子率に敏感になれ!」とさんざんお伝えしましたが、預けるときも同じ。どうせ預けるなら、高い利息がつくほうを選びたいものですね。

　そこでここでは、積立定期預金以外の、積立タイプの資産形成方法を紹介します。

　なお、ここから先はどうしても、「投資」の要素が入ってきますが、本書を手に取られている方の多くは、投資未経験者だと思います。

　大前提として本書では、投資や金融商品を勧める場合に、次のような基本ルールに沿ってお伝えすることにします。

本書で勧める「投資」の基本ルール

● 30歳前後の、働いている女性なら、無理なく契約できる

➡ 手続きの煩雑さ、最初にかかる費用、契約条件、契約期間中の心の安定などについて、「無理なくできる」を目指します。また正規雇用の方だけでなく、非正規雇用の方でもできる方法もなるべく含めて紹介します。ただし、もともと借金があったり、クレジットカードの支払い履歴に傷があったりする方などは、難しいものも多くあります。

● 長い目で見て、かけたお金が減ったり、
　なくなってしまうリスクはかなり低い

→ リスクの感じ方は人それぞれなので断言はできませんが、私
　がアドバイスしている女子たちがそのリスクを正しく理解
　したうえで実践したものをお伝えします。ただし、「手元の5
　万円が、たった1カ月で10万円」のように、短期間のうちに
　お金が劇的に増えることはたぶんないことも、ここでお伝え
　しておきます。

● 私自身、もしくは1000万円貯めた女子が
　実践している

→ 投資には、「やってみてはじめて気づくポイント」があります。
　なので、実際にやったものに絞ってお伝えします。

● 誰が始めても、始めなくても、
　私自身やその関係者は損も得もしない

→ お金関係のセミナーの多くは、何かの金融商品を契約させて
　バックマージンを取る仕組みで動いています。本書ではそう
　いうことをするつもりはありません。

（　知 ら な い か ら 怖 い だ け !
「 投 資 信 託 」 の 基 本 を 知 ろ う　）

　今は、老後資金を「投資信託」で運用する時代です。
　ひと口に投資信託といってもその種類にはいくつかあります。そも
そも投資信託とは何か、そしてそれぞれの種類の違いがわからないと、

選びようがありません。

　まず大前提ですが、投資信託は預金とは違います。ここでは「預金」と比較しながら、投資信託とは何かを見ていきましょう。

　まず預金は元本保証（預けた金額は必ず戻ってくる制度）がありますが、投資信託はありません。
　つまり、預金の場合は100万円を預けたら、原則、その100万円は返ってきます。今の時代は利息がほとんどつきませんから、10年間預けてもまあほぼ100万円のままですが、減ることもない。

　一方、投資信託の場合は、銀行や証券会社に同じように100万円を預けた場合、「ファンドマネジャー」と呼ばれる役割の人に運用を任せることになります（「ファンド」の意味は84ページ参照）。
　運用の内容（株式・債券・不動産等）、そして方針（多少リスクがあってもリターンを取りにいくか、リスクもリターンもおさえるか等）は商品（投資信託）によって違います。そのため投資家は、どのファンドに運用を任せるかを、商品を買うという形で選ぶのです。
　ファンドマネジャーは、投資家と約束した内容と方針のもとに、高利益を目指して運用をします。そしてその利益を投資家に分配することになります。こうした仕組みで成り立っているため、ときには運用がうまくいかない場合もあります。そのときに投資家が、持っている投資信託を売る形で現金化しようとすれば、投資家に戻るお金は最初に預けた額よりも減ってしまうことになります。
　つまり、100万円を投資した場合に、その100万円が110万円になることもあれば、運用に失敗して90万円になってしまうこともあります。

　この金額は比較的短期間に変動するため、あるタイミングで投資信託を解約したら105万円にしかならないのに、数週間後には110万円

以上になっていることもある、というわけです。

　このように聞くと、

お金が減るかもしれないなんて、怖いです

投資信託なんて、興味ないし、関係ない。預金だけでいいですー

　と思うかもしれませんね。でも、投資信託はすでに、私たちの生活に深く関わっています。

　まずは、退職金です。
　あなたが勤めている会社は、退職金制度がありますか？　退職金制度の多くは、以前は勤続年数等で退職金額が決まる「確定給付型」でした。この確定給付型の退職金は、企業の退職金規定で定められていて、「〇〇年勤続したら〇〇〇〇円」とわかりやすかったのです。ゆえに自分の退職後の生活プランも立てやすいものでした。

　しかし、最近は退職金の運用先を自分で選定する「確定拠出型（企業型確定拠出年金、DCともいいます）」の会社が増えています。
　掛け金は事業主が拠出します（＝出します）が、その運用そのものは個人に任されます。自分の退職金を長期運用することになるので、運用結果次第で、退職金に大きな差が出ます。たとえば、会社の同期の人間で、年収等が変わらない場合でも、選択した金融商品の運用結果次第では百万円単位で変わってきます。
　要するにこれは、従来は勤続年数に応じて決められていた退職金を、「自己責任」で運用しなければいけないということです。自分で勉強しなければ、満足できる退職金が受け取れない時代になっているので

す。

　ちなみに、「選択制DC」といって、給与や賞与の一部をDCの掛け金にするかどうかを自分で選べる制度をとっている企業もあります。税制優遇を考えれば、なるべくDCの掛け金とするほうがいいでしょう。

　また、加入者が自分で掛け金を拠出するのは、iDeCo（イデコ・個人型確定拠出年金）です。

　さて、DCの選択肢に必ず入ってくるのが、前述の「投資信託」です（その他、保険商品や定期預金などが含まれることもあります）。
「運用して、退職金を増やそう」と考える場合には外せない選択肢であることも間違いありません。

　では、退職金の運用として、どの投資信託を選んだらよいのでしょうか？　見極めるポイントを解説していきます。

投資初心者がおさえたい投資信託の4種類

　基本的に、投資信託は「何に投資するか」によって4つに分類できます。
　まず、「株式」か「債券」のどちらかを決め、それを「国内」のものにするか、「海外」のものにするかを決めます。

投資信託の4分類

国内株式型 …… 日本国内の企業の株式が対象

海外株式型 …… 外国の企業の株式が対象

国内債券型 …… 日本国内の国債や企業の社債が対象

海外債券型 …… 海外の国債や企業の社債が対象

「株式」という言葉は、聞いたことがある方も多いでしょう。株式とは、株式会社が資金を調達するために発行する証券のことです。その会社の株式を買った人を「株主」といいます。

会社は、投資家に株式を売って資金を得る代わりに、業績を上げるなどして株価をより高値にしたり、利益に応じて配当を支払ったりして株主に還元します。

投資家としては、株式の売買益や配当で利益を得る、というわけです。

次に「債券」です。こちらは、私の周りの女子たちの中にもわかっていない人が多い。

債券とは、国や企業が資金を得るために発行する「借用証書」のようなものです。つまり、「お金を貸してください。利息を払いますから」というやつです。

国が発行したものは「国債」、企業が発行したものは「社債」と呼びます。利率が決められていて、満期まで一定の利子を定期的に受け取れます。また、満期になると額面の金額が返ってきます。

あるときには1万円だった債券が、また別のときにも1万円かどうかはわかりません。というのも、利率が変わっていたり、その債券を買おうと思う人がどれだけいるかで値段が変わるからです。

とはいえ、借金は人からお金を借りているわけですから、基本的には返ってきます。こうした性質から、株式と比べると比較的値動きがゆるやかな傾向にあります。

ここで紹介した4種の他にも、この4つをミックスしたバランス型や、金や不動産の投資信託（「REIT」といいます）などもあります。

投資初心者がおさえたい運用方法の2タイプ

投資信託でもう1つ覚えておきたいのは、2つの運用手法です。「インデックス型」と「アクティブ型」に分かれます。

> **投 資 手 法 の 2 分 類**
>
> **インデックス型** …… 日経平均やNYダウ^{ニューヨーク}などの指数と連動する。
> **アクティブ型** …… 証券会社などの運用担当者が個別に銘柄を選定して投資先を選ぶ。

おっと、株の専門用語がたくさん出てきましたね。
なんのことかさっぱりわからない人のために、説明しておきます。

> **株 の 専 門 用 語 解 説**
>
> **インデックス** …… 指数（基準になる数値）のこと。インデックスファンドといえば、「指数に連動する投資信託ですよ」ということ。たとえば、日経平均株価に連動するインデックスファンドの場合、日経平均株価（この場合はこれが指数）が下がれば同じように下がり、上がれば同じように上がるよう設計されている。
>
> **アクティブ** …… 積極的という意味。アクティブファンドといえば、「専門家が積極的に売買を行う投資信託ですよ」ということ。

> **ファンド** ……「資金を集めて運用する商品」のこと。辞書的にいうと「基金、資本」。投資信託のことを指す場合もある。
>
> **日経平均株価** …… 日本経済新聞社が、東京証券取引所プライム市場に上場する企業約2000社の中から、業種などを考慮して選んだ225銘柄の株価指数。
>
> **証券取引所** …… 株式や債券などの売買取引を行う機関のこと。日本には東京証券取引所、名古屋証券取引所、福岡証券取引所、札幌証券取引所の4つがある。
>
> **NYダウ** …… アメリカの株式市場の代表的な株価指数。

　というわけで、先の「投資信託の4分類」と「投資手法の2分類」を組み合わせて、「国内株式型インデックスファンド」「海外債券型アクティブファンド」などの商品分類がなされており、投資家はその分類を考慮しながら商品を選ぶ、ということになります。

投資信託で「将来もらえる年金」を
増やすには？

さて、基礎知識を身につけたところで、ここからは投資信託を実際に選ぶための私のアドバイスを紹介します。

まず、今のご時世で多くの人が選択を迫られるのが、前述のDCです。その商品は、どのように選んだらよいでしょうか。

あるいはお勤めの企業がその制度を取り入れていない場合や、設定されたDCの拠出額が少なく法定の上限額までに幅がある場合は、個人型の確定拠出年金（iDeCo）を始めることをおすすめします。その際にも、以下の商品選びの知識は役に立ちます。さっそく見ていきましょう。

初心者にもおすすめな
「海外株式型インデックスファンド」

まずDCもiDeCoも共通するのは、毎月決まった金額を積み立てて、定期預金・保険・投資信託といった金融商品を自分で運用していく点です。どちらも、60歳以降になると、年金とか一時金で受け取れる形になります。

また、DCもiDeCoも、今30歳前後だとすると、少なくとも30年程度は運用期間がある、という計算になります。どちらも長期運用である、というのも特徴ですね。

さて、投資初心者が、長期運用をする場合に大切なのは、「なるべくリスクを減らすこと」「大儲けは狙わずに、ゆるやかに増やすこと」

「ちょっとしたプラスを積み重ねること」です。

　大儲けを狙うと、どうしてもリスクをとらないといけなくなります。老後の生活資金にと貯めているお金がすっからかんになってしまったら、困りますよね。そうならないように運用していきましょう、というわけです。

　さて、DCでもiDeCoでも、10年以上の長期の運用期間になる場合には、国内外の「株式」の「インデックス型」のファンド、つまり、「国内株式型インデックスファンド」や「海外株式型インデックスファンド」をおすすめしています。

　さらに、どちらかといえば、「海外株式型インデックスファンド」がいいでしょう。

　その理由は以下の通りです。

「 インデックス型 」を 勧 め る 理 由

● 手数料が安い

前述の通り、インデックス型は指数に連動しています。つまり、ファンドマネジャーの手がほとんど入らない分、手数料が低くおさえられていることが多いのです。

反対に、アクティブ型は運用担当者やアナリスト等の手が入っており、その人件費分が手数料として乗せられています。

そのため、同じような運用成績であった場合でも、インデックス型のほうがリターンが多くなります。利率（利息）同様、手数料は必ずチェックしましょう。

● 長期運用の成績がよいことが多い

過去の運用実績を見ると、10年以上の長期の運用においては、

インデックス型のほうがアクティブ型よりもよいケースが多い
です。

「 株 式 型 」を 勧 め る 理 由

● インフレに強い

債券型と比較して、株式型はインフレに強く、過去の実績を見
ても長期的には上昇しています。

「 海 外 」を 勧 め る 理 由

● 成長率が高い

「日本」か「海外」か、と選ぶときには、つい「日本」を選び
たくなるかもしれません。しかし、おすすめはアメリカを含む
海外です。たとえばNYダウやナスダックの指数連動型などが
あります。

なぜアメリカがいいかというと、アメリカは日本よりも、政治
も会社経営も株価を重視しているから。株価のために会社経営
をしているといっても過言ではありません。

一方、日本は株価や株主より、従業員の方向を見ている傾向が
あります。考え方が根本的に違うのです。

過去の実績、今後の成長率を考えても、日本の株式市場より、
アメリカの株式市場のほうが期待できます。

今の社会状況から考えたおすすめですが、投資にゼッタイ
はなく、将来も同じ状況が続くとは限りません。長期投資
の際は折々での見直しが不可欠です

株 の 専 門 用 語 解 説

ナスダック …… アメリカの代表的な株式市場の1つ。ハイテク企業やIT関連の企業など新興企業の占める割合が高い。

　というわけで、DCの制度がある場合には、「海外株式型インデックスファンド」を中心に、自分のポートフォリオ（金融商品の組み合わせ）を組み立てるとよいでしょう。

　ちなみに、DCはお勤め先の企業が金融機関を決め、投資先を選定して数カ所に絞られているのに対して、iDeCoの場合は自分で銀行や証券会社を選び、それぞれの金融機関が設定しているプランの中から、それぞれのプランの特徴や内容を見ながらいくつかを選ぶという仕組みです。

　選ぶプランは、どちらもいつでも変更できます。

DC（企業型）のメリット

● 将来もらえる年金額を自分で増やせる。「老後2000万円問題」など「老後の心配」を軽くできる。

● 一部（あるいは全額）を勤め先の企業が負担してくれるので、自分での支払いは不要。意志の力はいらない。

● 株価が上昇した場合にその恩恵を得られる。

● DCとして積み立てた分のお金には、税金がかからない（所得控除。詳しくは93ページ参照）。

● 転職しても、積み立てたお金はなくならない（転職先のDCの制度で運用を継続できる。DCがなければ確定給付年金に資産を移換するか、iDeCoに移換できる）。

● 自営業者や専業主婦（夫）になる場合はiDeCoに移換できる。

● 口座開設などは、勤め先の企業が行ってくれるため、商品を選ぶだけでよい。

ＤＣ（企業型）のデメリット

● 受け取り年齢になるまで、引き出すことができない。

● 世界恐慌のような劇的な株価の下落が起こった際には、受け取れる金額が減る可能性がある。

● 選べる商品の数が、iDeCoと比べると少ないことが多い（勤め先企業の選定による）。

● 損益通算（106ページ参照）できない。

iDeCo（個人型）のメリット

● 将来もらえる年金額が増える。「老後2000万円問題」など「老後の心配」を軽くできる。

● 少額で無理なく始められる（月々5000円から）。

● DCで勤め先の企業が法律上の上限額いっぱいまで拠出している場合を除いては、基本的に誰でも始められる。

● 株価が上昇した場合にその恩恵を得られる。

● 積立は自動引き落とし。つまり、天引きなので、意志の力はいらない。

● iDeCoとして積み立てた分のお金には、税金がかからない（所得控除）。つまり、iDeCoを始めると源泉徴収される額が少なくなる（詳しくは93ページ参照）

● プランには、日本株、アメリカ株、土地、保険商品など、幅広い選択肢があるので、分散して投資することで、暴落リスクを下げられる。

🐿 iDeCo（個人型）のデメリット

● 一度iDeCoの口座に入れたお金は、受け取り年齢になるまで、原則引き出すことができない。つまり、解約できない（金額の変更、あるいは積立の停止はできる）。

● 世界恐慌のような劇的な株価の下落が起こった際には、受け取れる金額が減る可能性がある（ただし、毎年安くなる税金額と天秤（てんびん）で考えれば大損はしにくい）。

● 損益通算（106ページ参照）できない。

iDeCoを始める手順

ステップ1 銀行や証券会社に口座（iDeCo専用口座）を開設する

ステップ2 毎月の掛け金を決める

（個人の属性、勤め先によって上限額が異なる）

ステップ3 運用商品を選ぶ

ステップ4 加入申し込みをする

　最近では、自宅にいながらスマホでできることも多くなり、便利になりました。iDeCoも、口座開設の書類の請求や商品の選定等は、自宅で行うことができます。

　ただ、口座の開設に1週間程度時間がかかるのに加えて、会社勤めの人は勤め先の企業の専門部署が作成した書類が必要で、その意味でも定期預金などと比べると少し手間はかかります。

　また、DCを導入している企業に勤めている場合は、始める手順は勤務先から指示されます。

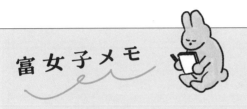

富女子メモ

投資信託を買うときの注意点

　iDeCoなどで投資信託を買うにあたって、いくつかアドバイスしておきたいことがあります。

1 銀行窓口よりはネット証券

　投資信託は手数料がかかり、一律ではありません。主な手数料には購入時にかかる購入時手数料、運用中にかかる信託報酬（運用管理費用）、解約時にかかる信託財産保留額等があります。
　この手数料率は、投資信託によってさまざまで、数字だけ見ると数パーセントですが、違いは大きいです。また、手数料率が高い投資信託のほうが利益が出やすいというわけでもありません。ですから、迷ったら手数料が安くなるように選びましょう。

　では、どこで買うと手数料が高くなりやすいか、というと、それは銀行です。銀行は、顧客重視のイメージがありますが、実際のところ、銀行の窓口で勧められる投資信託は手数料が高いものが多いです。
　銀行は民間企業ですから、利益追求は当たり前。銀行が何で利益を得ているかというと手数料なわけですから、自然と高くなるのです。

　それよりもネット証券のほうが◯。ネット証券で、手数料率の低いインデックスファンドを選びましょう。ネット証券の選び方は112ページで紹介します。

2 「毎月分配型」の投資信託は注意

　投資信託には、「毎月分配型」の商品があります。つまり、毎月、何らかのお金が入るということですから、比較的人気が高くなりやすい傾向にあります。

　ただ、問題はこの分配金がどこから出ているか、です。運用から得た利益が分配されていればいいのですが、多くの分配型の投資信託は、「元本（つまり投資金額）」を取り崩して分配金を支払う設計になっています。

　結果的に「分配金はもらったけど、解約時に元本が大幅に減少している」というケースも多いもの。

　ですから、「毎月分配型」の投資信託は選ばないほうが安心です。

全額を一気に1つの投資信託にかけるのではなく、株やREIT、ゴールドや債券などいくつかに分散してみるのがおすすめです。定期的に運用状況を見て、投資先を見直すといいですね

「税金がかからなくなる」って どういうこと？

～～～～～～～～～～～～～～

　DC・iDeCoのメリットの中で、
「DCとして積み立てた分のお金には、税金がかからない（所得控除）」
「iDeCoとして積み立てた分のお金には、税金がかからない（所得控除）。
つまり、iDeCoを始めると源泉徴収される額が少なくなる」
　と紹介しました。
「所得控除」は大切なキーワードなので、少し詳しく説明しておきます
ね。

　控除とは「一定の額を差し引く」という意味です、所得控除は、「税
金を計算するときに、所得の合計から一定の金額を引く」という制度
です。

　仮に税率（所得税＋住民税※）が20％だとします（年収が上がると税
率も上がりますが、ここでは年収300万円程度と想定した税率とします）。
　所得10万円の場合、税金は、

$$10万円 \times 20\% = 2万円$$

　です。でも、「所得控除（ここではDCやiDeCoで積み立てたお金）が3
万円」ならば、計算上の所得は、

$$10万円 - 3万円（所得控除）＝7万円$$

　となり、税金は、

$$7万円 × 20\% = 1万4000円$$

です。

$$2万円（控除なし） - 1万4000円（控除あり） = 6000円。$$

　つまり、3万円の控除によって、6000円の節税になるということ。もう少しかみくだいていえば、6000円を払わずに済んだことになります。

　このように、「今年収める税金の額が確実に減る」ため、万が一、プラン選びがいまいちで少し損失を出してしまったとしても、トータルで見るとプラスにすることもできると思います。これだけ見てもお得だといえますね。

※住民税の税率は基本的には一律ですが、都道府県や市区町村によって上乗せ（超過課税）されていることがあります。詳しくは住んでいる地域の自治体のホームページなどで確認しましょう。

（　控除は「必ず得する金利」と考える　）

　もう少し具体的な数字で所得控除を考えてみましょう。ここではわかりやすく、iDeCoに絞って説明します。

　仮に、年収300万円の人が月々2万円をiDeCoにかけたとします。すると、

$$300万円 - 24万円（2万円×12カ月） = 276万円$$

年収を276万円と見てくれることになります。

ここでも税率を20％とすると、

❶ iDeCoに加入しなかった場合

$$300万円 \times 20\% = 60万円$$

❷iDeCoに加入した場合

$$276万円 \times 20\% = 55万2000円$$

$$❶ - ❷ = 4万8000円$$

つまり、税金が毎年4万8000円安くなる、のです。

　iDeCoの仕組みは貯金とはちょっと違いますが、仮に貯金に当てはめて考えてみましょう。
「iDeCoの掛け金である年24万円を貯金」
「控除で税金が安くなる分が4万8000円」
　とすると、計算するまでもなく、ナント年利20％ということになります。

　下手に株式投資などをするくらいなら、iDeCoのリターンのほうがよっぽど大きいですよね。投資が怖いと思う人も控除で必ず得するのだったら、どうでしょう？　始めてみたくなりましたか？

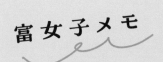

富女子メモ

控除は節約よりも効果的？
まだまだあるいろいろな控除

ここまでお話しすると、中には、

> iDeCoのことはもういいので、他にも所得控除できる
> ものがあれば教えてください

という方もいるかもしれませんね。
「控除」は知っておくと、めちゃめちゃお得ですので、ここにまとめておきます。

さて、みなさんの給料からは、税金（所得税と住民税）が引かれています。これはほとんどの人が知っていると思います。
でも、意外と知らないのは、「税金がいくら引かれているか」ということ。手取りの額は気にするけど、何をいくら引かれているかをきちんと見ていない人は多くいます。
これは、お金を貯めたい人がやってはいけません。給与明細は、ちゃんと隅々まで見ましょう（給与明細の詳しい見方は233ページで説明します）。

基本的に、給料が多くなれば、税率が高くなり、払う税金も多くなります。
ざっくりですが、300万円の年収で仮に控除も何もない場合、だ

いたい税率20％（所得税10％、住民税10％）で、年間60万円の税金を払っているイメージでしたね。

300万円の収入だったけれど、保険にも入ったし、病気にもなったし、子どもも生まれて、お金がいっぱい出ていくから大変！　というときに、「かかったお金を引いて、税金をかける金額をもっと少なくしていいよ」というのが控除です。

再びざっくりした計算ですが、仮に、年収は300万円だったけれど、控除が100万円分あったとすると、税金のかかる金額は200万円。所得税10％、住民税10％とすると、税金は40万円になります。

控除がない場合は、60万円でしたから、20万円お得になります。

そうなんです、控除は、簡単にいえば、「金額を引く」ということ。

所得税や住民税は、所得から一定の額を控除して（引いて）税率をかけて計算したり、税額から直接引いて（控除して）納税額が決まります。

もちろん、なんでもかんでも控除の対象になるわけではなく、その内容は決められています。

「医療費控除」「寄附金控除」「雑損控除」は自分で確定申告

「控除」は、「所得控除」と「税額控除」に大きく分けることができます。

所得控除……そもそもの課税対象の所得金額を少なくする。

　　　　　基礎控除、配偶者控除、配偶者特別控除、扶養控除、社会保険料控除、小規模企業共済等掛金控除、生命

保険料控除、地震保険料控除、寄附金控除、医療費
控除、雑損控除など。

税額控除 …… **かかる税金から直接差し引いて少なくする。**

住宅ローン控除、配当控除、外国税額控除など。

　会社員であれば、所得控除のほとんどは、会社が年末調整（243
ページ参照）で手続きをしてくれますが、それ以外にみなさんに関
係のありそうなものをピックアップして説明します。

すぐに使えるかも！
会社員も関係がある控除の例

（寄附金控除） …… 国や地方自治体、特定の法人や団体に寄付
をしたとき、「寄付金額－2000円」を所得から控除することが
できます。
ちなみに、ふるさと納税も、「納税」と書いてあるものの、地
方自治体（都道府県・市区町村）への寄付になります。詳しく
は250ページで説明します。

（医療費控除） …… 医療費を一定額以上支払った場合に控除さ
れます。出産費用やレーシック手術費用も対象になります。
支払った医療費－保険金など（生命保険の入院給付金、出産育
児一時金など）－10万円※＝医療費控除額
例）手術・入院費用100万円－入院給付金30万円－10万円
＝医療費控除60万円
※年間所得が200万円未満の場合は総所得の5％

（雑損控除） …… 災害や盗難などで損害を受けたとき、次の（1）

と（2）のうち、いずれか多いほうの金額が控除されます。

(1)（損害金額＋災害等関連支出の金額[※1]－保険金等の額）
**　　－（総所得金額等）×10％**

(2)（災害関連支出の金額[※2]－保険金等の額）－5万円

※1「災害等関連支出の金額」は、次のような支出のこと。
　　① 災害により滅失した住宅、家財などを取壊しまたは除去するために支出した
　　金額など。
　　② 盗難や横領により損害を受けた資産の原状回復のための支出など。
※2「災害関連支出の金額」とは、上記の①の金額のこと。

住宅ローン控除（住宅ローン減税）…… 178ページ参照。

生命保険料控除 …… 民間の保険会社に一定の保険料を払った場合に控除できます。生命保険料によって控除額が変わります。控除額は最高12万円。

小規模企業共済等掛金控除 …… 小規模企業共済は、自営業者や個人事業主が、廃業や退職したときのための退職金制度のようなものです。掛け金月額は、1000円から7万円までの範囲内（500円単位）で自由に選べます。全額控除なので、節税効果がとても高いのが特徴です。

課税される所得金額が400万円で所得税が38万300円、住民税が40万5000円で、仮に掛け金月額を3万円にすると10万9500円の節税効果があります（中小機構ホームページ図表より）。

私流に考えれば、年間36万円貯金をして、利息が10万9500円ついたも同然です。事業を廃業して共済金を受け取ると、退職金扱いになり、所得税の優遇措置が受けられます。

ただし、小規模企業共済は、加入資格が定められており、一般の会社員が入るのは難しいと思います。

控除は等しく認められた権利ですから、みなさんにぜひ活用してもらいたいですね。

なお、「医療費控除」「雑損控除」「寄附金控除」「住宅ローン控除（初回の年）」を受ける場合、会社員は、「確定申告」が必要です。

富女子会の女性たちを見ていると、確定申告は、フリーランスの人や個人事業主の人がやるもので、なにやら大変でややこしいイメージを持っているようです。

でも、税金を払いすぎている場合は、必要書類を提出するだけで、還付が受けられる（お金が戻ってくる）ので、面倒がらずにやりましょう。意外と簡単ですよ（243ページ）。

話題のNISA、今からでも始めたほうがいい？

　NISAも、投資信託と関係の深い制度です。NISAは個人投資家のための税制優遇制度で、投資信託だけでなく、個別の企業の株式の取引でも利用できます。

　簡単にいうと、「NISA口座で売買した株式や投資信託で利益が出たときに、その分の税金がかからなくなる」制度です。

　株式や投資信託などの金融商品に投資をすると、普通は、売却して得た利益や受け取った配当に約20％の税金がかかります。それがNISA口座であればナシ（非課税）になる、ということです。

　ここからは、2024年1月からの新しい制度を中心に見ていきます。

　なお、2024年を待たずに投資を始めたい方のためにお伝えしておくと、2023年末までの旧制度と新制度の違いは、主に名称（2023年まで：つみたてNISA・一般NISA／2024年から：つみたて投資枠・成長投資枠）と非課税額の拡大、そして非課税期間が無期限に延長されたことです。2023年までの運用は2024年以降も手続きなしで引き継げるようになっていますので、2024年を待つ必要はありません。次からの説明をしっかり理解して、さっそく運用を始めましょう！（ただし、短期での多額の投資は禁物です!）

新しい2つのNISA

　NISAには、「成長投資枠」と「つみたて投資枠」の2種類があり、併用も可能です。

それぞれの特徴を簡単にまとめておきましょう。

成長投資枠

「成長投資枠」は、1年間で金融商品240万円までが非課税となります。非課税期間に期限はなく、最高で1200万円（つみたて投資枠と合算した上限が1800万円）までの商品の儲けが非課税になります。

　対象の金融商品は、株式、ETF（上場投資信託）、投資信託などで、種類が豊富です。

　たとえば、120万円の株を買ったとして、半年で130万円に値上がりし、ここで売ったとします。

　10万円の利益だから、本来なら20％の税金として2万円を払うので、8万円の儲けになりますが、NISA口座だと税金がかからないで10万円が手に入る、という計算ですね。

「成長投資枠」のポイント

● 1年で240万円まで非課税。

● 非課税の期間は無期限。

● 対象の金融商品が豊富。

● 自分で選んで売買できる。積極的に運用可能。

● 損益通算（106ページ参照）できない。

　こうした特徴のため、もともと株取引をはじめとする金融投資をやっていた方や、売買を積極的に行うタイプの方におすすめの制度といえます。

つみたて投資枠

「つみたて投資枠」は、長期・積立・分散投資を支援する非課税の制度です。1年間の非課税枠は120万円、非課税期間は無期限です。最高で1800万円まで投資できます（成長投資枠と合算）。

「つみたて投資枠」の特徴は、その名の通り、毎月積み立てで購入ができるので、比較的リスクをおさえて少額から投資を始めることができる点です。

　1年で120万円まで非課税ということは、毎月10万円の積み立てができるということです。3%で運用できたとして、ざっくり計算してみます。

20年間、毎年120万円分の投資信託を積み続けた場合

元本 **2400**万円

運用利益 **883**万**200**円

最終的なつみたて金額 **3283**万**200**円

　本来であれば、利益にかかる税金約20%がかからないので、運用利益がそのまま手に入る計算です。

　この試算で、2400万円の元本に対して900万円近い利益になることに驚いた方もいるかもしれません。

　利益がここまで増えたのは「複利」が働いているからです。複利とはつまり、運用で得た収益を当初の元本にプラスして投資し続けるこ

とで、利益が利益を生んでいくこと。

　あのアインシュタインが「人類最大の発明」と呼んだとされるほど、複利の力は侮（あなど）れないものなのです。

「つみたて投資枠」のポイント

● 1年間の非課税枠は120万円。

● 非課税期間は無期限。

● いったん積立額を設定すれば、あとは自動的に投資し続けられる。多少放置してもOK。

● 損益通算（106ページ参照）できない。

2つのNISA、どっちを選ぶ？

 「つみたて投資枠」か「成長投資枠」、どっちを始めたらいいですか？

　うーん、本来は、それぞれの違いを見て、自分に合いそうなほうを選んでいただきたいのですが、これから証券口座を開こう、という段階の方にはそれも難しいかもしれませんね。

　そういう方が私にアドバイスを求めてきた場合には、基本的には「つみたて」タイプを勧めます。

　理由は「つみたて」タイプのほうが、長期にわたって継続的に積み立てしやすいからです。

　私が言う長期とは10年以上のこと。なぜ、長期がよいのでしょう。

短期で株式を投資した場合、損をしてしまうリスクが高くなってしまうからです。

　株式投資は、負ける（損をする）人がいれば、勝つ（得をする）人もいます。要は競争相手が存在するのです。

　短期の株の売買の競争相手は誰か？　株の売買のプロ中のプロであるトレーダーたちです。トレーダーは株の世界でも超優秀な人しかなれません。しかも、今は株の取引にAI（人工知能）も活用されています。

　株の素人が、百戦錬磨のプロトレーダーやAIに勝てると思いますか？
　可能性はゼロではないでしょう。ビギナーズラックもあるかもしれません。でも、勝ち続けるのは、まず、無理でしょうね。

　ただ、唯一、勝ち続けられる方法があります。それが、長期で株を持つことなのです。
　株のプロたちは、半年ごとに「運用成績」の開示を求められます。つまり、半年間で、なんらかの成績を出す必要があるのです。
「今積み立てているこの株は、5年後には絶対上がります」
　と言っても、誰も評価してくれません。長期で戦ってはいないのです。

　素人としては、そんなプロ集団と戦いたくはないですよね。ということを考えると、やっぱり長期でコツコツ持てて、リスクを分散しやすい「つみたて」タイプがよいでしょう。

　なお、「つみたて投資枠」で投資信託を選ぶ場合には、基本的には85ページで紹介したDCやiDeCoと同じ基準で選んでいいでしょう。

初心者もできるNISAの始め方

　NISAは、銀行や証券会社などに申し込んで、「NISA口座」を開設することから始めます。銀行や証券会社によって取り扱っている金融商品が異なります。

　いくつかの銀行や証券会社を比較して、どこにするか決めましょう。

NISA口座開設の手順

ステップ1　投資したい金融商品のある証券会社や銀行などの金融機関でNISA口座開設を申し込む。個人番号（マイナンバー）確認書類や本人確認書類を提出。

ステップ2　金融機関が税務署へ申請。税務署が審査（2〜3週間）。

ステップ3　承認されれば、NISA口座開設。

ステップ4　商品を選んで、投資を開始!

NISAで個別株投資を始める前に
知っておきたい大切なこと

　この項目は、株の経験者で、かつ「成長投資枠」を使おうとしている方は絶対に理解しておく必要のあることです。株初心者女子は、読み流してもOKです。

　非課税枠があるNISAは、いいことばかりの制度にも思えますが、実は1つ、大きなデメリットがあります。それは、損益通算ができないこと。

損益通算とは、「利益と損失を相殺する」こと。

　株式の売買等で、利益が出ると税金がかかります。でも、他の株式の売買で損失が出ていた場合、利益から損した分を引いていいことになっています。損をした分、利益にかかる税金が安くなるわけです。

　たとえば、「A社の株を売って10万円儲かった」という場合は2万円の税金がかかりますが、その年に「B社の株を売って1万円損した」場合には、

　A社の儲け額10万円－B社の損失額1万円＝9万円

　に対して20％の税金がかかる計算です。

　よって、1万8000円の税金を払えばよい、ということになります。これが損益通算で、（NISA口座でない）普通の証券口座ならば、その人の持っている口座内のすべてを足し引きして最終的な税額が決まる、という仕組みです。確定申告をすれば、最長3年間繰り越しできることになっています。

　しかし、NISA口座の場合には、この制度は適用されません。つまり、普通の証券口座で10万円の利益が出たけど、NISA口座では1万円の損失が出た場合に、上記のような計算式にならず、2万円の税金を支払わないといけないわけです。

　ということで、どの取引をNISA口座で行い、どの取引は普通口座で行うのかが、意外と重要になる、というのが、NISAの難しさともいえるかもしれませんね。

　まあ、冒頭で書いたように、これはやや上級者向けなので、長期でじっくり積み立てる、という方はそこまで気にしなくても大丈夫です。

(iDeCoとNISA、
30歳女性が始めた場合のシミュレーション)

 iDeCoとNISA、それぞれの制度はだいたいわかりました。貯金しているだけよりも、たしかに、よさそうかも

 やってみる気になりましたか?

 そうですね。……けど、いきなり両方始めるのはちょっと……。どっちか一方だけやるなら、どっちがいいですか?

 えー……。そんなの、人によって、お金を貯める目的によって変わるし、投資である以上どんな利回りで動くかもわからないから、絶対にこっち、とは言えませんよ

 あ! そうやって肝心なところのアドバイスをくれないつもりですか?

 ……わかりました。じゃあ、あなたのケースで考えてみましょう

　ここでは、次の想定で、iDeCoだけをやった場合とNISAだけをやった場合とで60歳時点でどれくらい差がつくのかをシミュレーションしてみます。

前提条件

● 30歳・年収300万円の女性。

● 便宜的に、年収は60歳までずっと300万円だとします。

● 掛け金は月々2万3000円。iDeCo・NISAとも同額にします。

● 税率や控除額などは30年間変化がないものとします。

● 運用の手数料、運用実績には差がないものとします。

所得税の比較

　まず、年収が300万円の場合、給与所得控除によって、課税価格は202万円になります。

　実際はこのあと、それぞれのライフステージに応じて、各種控除があるのですが、ここではすべての人の共通する「基礎控除（所得が2400万円以下の人は48万円）」だけ考慮することにしましょう。

$$202万円 － 48万円 ＝ 154万円$$

　ここまでは、iDeCoでもNISAでも共通です。

　iDeCoとNISAでまず差がつくのは、所得税額です。

○iDeCoの場合

　iDeCoは、掛け金が所得税の控除の対象になりますので、

$$154万円 － (2万3000円 × 12ヵ月) ＝ 126万4000円$$

$$126万4000円 × 10\% \ (所得税率)$$

$$－9万7500円 (所得税の税額控除) ＝ 2万8900円$$

この2万8900円が、この場合の1年間の所得税です。

○NISAの場合

NISAは所得税額控除にはなりませんので、

$$154万円 \times 10\%_{\text{(所得税率)}} - 9万7500円_{\text{(所得税の税額控除)}}$$

$$= 5万6500円$$

この5万6500円が、この場合の1年間の所得税です。

○iDeCoとNISAの差

30年間で所得税を計算すると、

iDeCo $\quad 2万8900円 \times 30年 = 86万7000円$

NISA $\quad 5万6500円 \times 30年 = 169万5000円$

となり、「iDeCoのほうが、30年間の所得税額が82万8000円安い」ということになります。1年間の差は3万円弱ですが、それも30年積み重なると大きな差となることがわかりますね。

なお、ここでは家族構成や扶養、その他さまざまな条件については省略していますので、前提条件に合致する方なら必ずこの金額が控除される、ということではありません。その点はご留意ください。

ちなみに、この所得税額の差は年収が上がると拡大し、たとえば年収500万円の場合は、30年間で165万6000円の差がつきます（iDeCoのほうが165万6000円、税額が安くなる）。

住民税の比較

　次に、住民税を見ていきます。詳しい計算は省きますが、所得税と同様の条件（年収300万円）の場合、住民税でも1カ月で3万円弱の差がつき、30年で同じく80万円超の差となります。

　年収が増えればその差がさらに広がるのは言うまでもありません。

運用後に受け取るお金の比較

　前提条件として、「運用実績はどちらも同じ」としていませんが、受け取れるお金に関しては、次のような差があります。

○iDeCoの場合

　60歳から受け取ることができる。年金として受け取る場合は「雑所得」となり、公的年金と同様の控除が受けられる。一時金としてまとめて受け取る場合は「退職金」扱いとなり、退職所得控除が受けられる。一部を一時金、残りを年金として受け取ることも可能。

○NISAの場合

　利益・配当金（投資信託は分配金）に税金（通常は約20％）がかからない。解約時に元本割れしている場合は損益通算ができないので注意が必要（106ページ参照）。

同じ年収300万円でも、所得税と住民税の額だけで30年で160万円以上も違うなんて！　永田先生がiDeCo推しの理由がわかりました

だから、運用が多少下手でも、iDeCoはやったほうがいいんです。ただ、NISAや個別株は、1000万円くらい自分で貯めて、知識をつけてからがいいでしょう

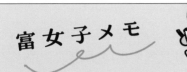

富女子メモ

投資の道も口座開設から！
証券会社の口座を開くポイント

　預貯金以外の資産形成を始めるには、証券会社の口座を開いておいたほうが便利です。
　証券会社では、
　・株式
　・投資信託
　・個人向け年金
などの金融商品が購入できます。
　こうした商品の購入資金を預けたり、配当を受け取ったりするために、口座を開きます。

　証券会社には大きく分けて、店を構えている「店舗型証券会社」とオンラインだけで取引をする「ネット型証券会社」があります。インターネットで簡単に取引ができるため、おすすめは後者です。
　ただ、「ネット型」もたくさんあって、どの証券会社の口座を開くか、迷うところですよね。

　選ぶときのポイントは、
❶手数料が安い
❷取扱銘柄が豊富
❸米国株が買える
です。

❶ 手数料が安い

　基本的に、株を買ったり売ったりするときには、1回の注文ごとに手数料がかかります。

　手数料は、証券会社や売買する株式の種類によって設定が異なります。

　たとえば、国内株式は10万円までだったら90〜200円程度、50万円までだったら200〜500円程度、米国株式は代金の0.45％程度（上限20ドル程度）のように、設定されています。

　証券会社を選ぶときは、取引手数料は必ずチェックします。

❷ 取扱銘柄が豊富

　取り扱っている銘柄も証券会社によって異なります。せっかく株式投資を始めるのであれば、いろいろな銘柄から選べるとよいでしょう。

❸ 米国株が買える

　数ある銘柄の中でも私がおすすめするのは米国株です。

　米国株の銘柄の取り扱いが多い会社を選ぶといいでしょう。

　上記3点を考慮すると、具体的におすすめするのは、マネックス証券か、楽天証券、SBI証券です。

　いずれも米国株の取扱銘柄数が4500以上と豊富で、手数料も安く設定されています（2023年9月現在）。

　米国株を勧める理由は、85ページでも触れましたが、米国の企業は株主を見ているから。それに、先進国の中で今も人口が増えているのは、アメリカだけ。それだけ将来性もあります。

　「米国株の売買を試してみたい」という方は、まずは聞いたことのある銘柄を買ってもいいと思います。

　株の初心者でよくわからないという人は、指数に連動しているもの、たとえばETF（122ページ参照）などを購入するのがいいでしょう。その場合は、長期で持つことを心がけてみてください。

　実際、富女子会のメンバーで10年前に米国株を買った女性は、かなり儲けています。

　中には、「英語ができないと米国株が買えない」と思っている人がいるようですが、日本のネット証券であれば、日本語で問題なく売買できます（ただし、株を選ぶ際の情報の多くは英語で発信されており、そうした情報は株の銘柄や売買のタイミングを考える際に重要ではありますが）。

　また、証券会社の口座を開くと確定申告をしなければいけない、と思っている方もいますが、「特定口座」に登録すると、その口座での取引は、源泉徴収が適用されます（ただし、1人1口座のみ）。

証券会社に口座を開設する手順

ステップ1　店舗やインターネット、
　　　　　　　電話で口座開設申込書を請求する

ステップ2　必要事項を記入、署名、押印し、
　　　　　　　必要書類※を添えて提出する

　　　　※必要書類……マイナンバー確認書類、本人確認書類（運転
　　　　免許証やパスポートなど）。他に、金融機関の口座も必要。

ステップ3　審査後、めでたく口座開設!

1000万円貯めた女子が

やったこと
list

1位

給与天引きの積立・投資

「金」「銀」「プラチナ」の積立投資を始める

「ゴールド」が持つ「不変の価値」

　今から資産運用をしたい、という女性たちに真っ先に勧めているのが、「ゴールド」への投資です。

　私自身もゴールドに投資をしていますし、最近社会人になった娘に、
「貯金するならどこがいいかな?」
　と相談されたときも、
「貯金をするより、ゴールドを買いなさい」
　と答えました。「老後が心配で投資をしたい」という人にこそ、ゴールドはおすすめです。

115

ただ、「ゴールドを買いなさい」と言うと、返されるのが、

 えっ、買えません！　だってゴールドはすごく高いでしょ？

そうですね。ゴールドはたしかに高い。だから買うべきなんです。
　いえ、もちろん、テレビで見るような「金の延べ棒」を買えとは言いません。
　ゴールドの塊は高すぎて手が出ないかもしれませんが、今は数グラムから買えます。たとえば、2023年9月某日の金1グラムの価格は1万円前後。これだったら買えそうな気がしませんか？

　なぜ、私が「金」を勧めるのか。
　いちばんの理由は、「どこの国でも共通の価値があるから」です。

　2022年の後半くらいから、「円安」という言葉をよく聞きましたよね。円安とは、日本円の値段が相対的に下がること。それまで「1万円」を両替すると「80〜90ドル」程度だったものが、急激に「60〜70ドル」程度になってしまって、問題となりました。
　海外旅行に行こうとして10万円用意して両替したら、たった600ドルにしかならなかったらがっかりしますよね。これが「日本円の価値が下がる」ということです。

　こんなふうに、お金は状況によって、相対的な価値が変わります。
　一方、10グラムのゴールドは、どこの国に行っても、いつでも「金10グラム」の価値があります。ゴールドが持つ価値は、お金よりも安定的です。
　そのうえ、ゴールドは埋蔵量が決まっていますから、希少性もあります。逆にいえば、お札は人間の都合で刷ることができるけど、金を、埋蔵量を超えて手に入れることは不可能です。

資産形成に重要な「希少性」という考え方

この、「希少性がある」というのは、資産形成においては本当に大事なんですよ。

たとえば新型コロナウイルスが流行り出した頃に、マスクが少なくなって、販売価格が一気に高くなったことがありました。マスクが必要なのに、数がなかったから希少価値が出たわけです。

でも、徐々に需要に生産が追いついてきたら、価格が下がりましたよね。いちばん高かった時期にマスクを買い占めた人が、そのマスクを今も持っていても、そのときの値段で買おうという人なんてもういないわけです。

お金ではこれと同じことが起こり得ますが、ゴールドでこうしたことは滅多に起こらないと考えていいでしょう。

それ自体に価値があって、多くの人が欲しいと思っている。だけど量に限りがあって買えない。今後も急激な増産はできない。

だからこそ、ゴールドは人気なわけです。

「ゴールド」おすすめの買い方は？

ゴールドに投資する方法は主に、
・毎月定額の「純金積立」
・投資信託やETF
・金貨や金地金（延べ棒）など現物を購入
などがあります。

投資としておすすめするのは、長期で「純金積立」をすることです。

中でも、定期積立のように、金を毎月定額購入する方法がいいでしょうね（他に、毎月決まったグラム数〈定量〉を購入する方法もあります）。

これは定額購入のほうが、平均の購入価格を安くできるからです（「ドル・コスト平均法」といいます）。

> ニュースでは、「金が最高値を更新！」みたいに言っていました。そんなタイミングで始めたら損じゃないですか？

理想をいえば、たしかにできるだけ安いときに買ったほうがいいでしょう。ですから、今、ゴールドの積立を始めても、すぐに利益を出すのは難しいかもしれません。

でも、今、何にも取引していない人が、「安いタイミングを待って買おう」としても、それはきっと無理ですよ。多少下がったタイミングがあったとしても、その先上がるか下がるかはわかりませんし、そもそも、ゴールドの価格をずっと見ているのも大変です。

そんな手間と損を回避するための手段が、「長期積立」なのです。

ちなみにゴールドは、その時々で多少値段が上下しますが、長期的に見たら価値が上がり続けています。

こういうものは、10年20年と長期で積み立てれば、将来的な価格変動のリスクが小さくなる。「ちょっと高いときに始めちゃったな」と思っても、長い目で見れば大きな違いはない、というわけです。

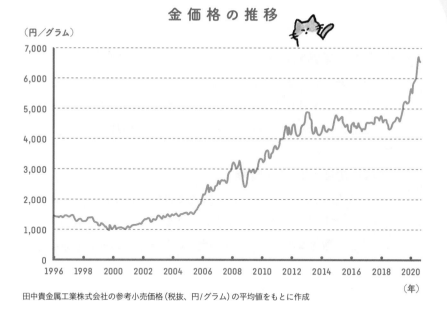

金価格の推移

（円／グラム）

田中貴金属工業株式会社の参考小売価格（税抜、円／グラム）の平均値をもとに作成

　ということで、純金積立を始めてみてはいかがでしょうか。

　純金積立は、取り扱う会社にもよりますが、少額からコツコツ、しかも天引きのように自動引き落としでできるのも魅力です。

プラン選びのポイント
── やっぱり現物が欲しい！

さっそく始めようと思ったのですが、テレビCMで、証券会社以外のところでも金の積立ができるというのを見ました。どこで買えばいいですか？

　「純金積立」を取り扱っているのは、田中貴金属や徳力本店などの地金商、三菱マテリアルなどの非鉄金属メーカー、証券会社などです。

　選び方のポイントは次の3つです。

純金積立を選ぶポイント

❶ 会費や手数料が安い

入会金や年会費があるところとないところがありますし、手数料や保管料も会社によって異なります。始める前に比較してみましょう。もちろん安いところを選んでくださいね。

❷ 将来の受け取りが現物

積み立てた金は、一般的に、「現物で受け取る」「金貨や他の貴金属に交換してもらう」「売却して現金で受け取る」方法がありますが、取扱業者によって「現金での受け取りのみ」であることも少なくありません。

せっかく「純金」という現物を積み立てるのですから、現物での受け取りが可能なところがいいでしょう。いつか、地金（いわゆる金の延べ棒）を手にできると思うと、それだけでもワクワクしませんか?

❸ 会社の保管方法が自分に合うところ

「純金積立」では、毎月現物の金が送られてくるわけではなく、運営会社が積み立てた金を保管します。保管する方法は、所有権が運営会社（取引する会社）に帰属する「消費寄託」と、所有権が契約者に帰属する「混蔵寄託（「特定保管」と呼ぶこともあります）」の2種類です。保管方法によって、保険料が違ったり、どちらの保管方法にするかを選べたりする会社もあります。

「消費寄託」の場合、運営会社が倒産したときに、預けていた金が戻ってこない可能性もあるため、私はリスクの少ない「混蔵寄託」がいいと思います。

純金積立の手順

ステップ1 地金商、非鉄金属メーカー、
証券会社等で純金積立の専用口座を開設する。

ステップ2 毎月の積立購入額を決める。

ステップ3 地道に金を貯めていこう！

貴金属でリスクを分散する

> 金の延べ棒、できるだけ早く手にしたいです！　可能な限り
> ゴールドの積立額を増やしたいです

　ゴールドの魅力が伝わったようで、何よりです。でも、始める前に
知っておいていただきたいのは、「純金積立」には配当や利息がつか
ないというデメリットがあるということ。

　そして、値下がりのリスクもゼロではない。

　本書では、1000万円の資産を築いた女子たちがやっている投資法
をいくつか扱っていますが、「○○だけ（たとえば純金積立や株式投資）
しかやらないで、1000万円！」という人はほぼいません。

　資産形成で大事なのは、「できるだけ分散すること」。つまり、「ゴー
ルドだけ」「A社の株だけ」などの偏りを減らすことです。それも一緒
に覚えておいていただきたいと思います。

> ということは、「銀」や「プチチナ」はどうでしょう？　高
> そうだしおしゃれそうで、いい気もします

ゴールドと同様、形がある資産ですから銀やプラチナの積立もいい
と思いますよ。ただ価格変動で見ると、ゴールドのほうが銀やプラチ
ナよりも小さい傾向にはあると思います。

　ですから、たとえば最初はゴールドを積み立てて、資金に余裕が出
てきたり、ゴールドの積立に慣れてきたら、銀やプラチナを積み立て
始めるのもアリです。「金」「銀」「プラチナ」の3種類もしくは2種類で
も別々に投資をすることで、リスク分散にもつながります。

投 資 信 託 や Ｅ Ｔ Ｆ で 買 う 選 択 肢 も あ る

　積立以外に金・銀・プラチナの投資信託やETFもいいと思います。

　投資信託は、前述のようにさまざまな金融商品を組み合わせて1つ
の商品が設計されており、その中にゴールドが含まれるパターンです。

　ETFは、「上場投資信託」のことで、証券取引所に上場している投資
信託のことです。インデックス型同様に指数に連動して動きます。種
類は、日経平均連動型、TOPIX連動型、REIT、海外株式指数などバラ
エティーに富んでいますが、その中に金もある、というわけです。

　少額からでき運用をまかせられる、損益通算できるなど、投資信託
やETFは積立とは違ったメリットもあります。興味がある方は、ぜひ
調べてみてください。

天引きの積立×リスクをおさえた
長期・分散投資でコツコツ増やす

1000万円貯めた女子が

やったこと list

2位

バランスシート
家計簿を
つける

女子の意見

● 出費に加えて収入も詳しく書くようにしたら、「もっと収入を増やしたい!」と素直に思うようになった

● スマホの家計簿アプリを活用して、バランスシートをつくっている。ちょこちょこっと入力するだけなので、手間はほとんどかからず、自分のお金の状況を把握できるので、重宝している

「お金を使うため」の家計簿から、
「お金を増やすため」の家計簿へ

お金を貯めた多くの女性が、一度は家計簿をつけて、そして卒業していった、という話は23ページでお伝えしました。

さて、「家計簿を卒業！」となったら、次のステップを考えていただきたいと思います。それは、「バランスシート型の記録」です。

家計簿はそもそも、「何に、いくら使ったか」を書いていくもので、「お金を使う人用」のものです。

しかし、バランスシートは違います。「何に、いくら使ったか」ももちろん書きますが、家計簿ほど詳しく書かなくてOK。「生活費〇万円」「家賃〇万円」など、毎月の支出をざっくり記載します。

それよりも重要なのが、「どこから、いくらの収入があったか」を書いていくことです。つまり、バランスシートは、「お金を増やす人用」の記録なのです。

> そうはいっても、私は夫の給料しかありませんから。収入として書くことはそれしかありません

そうでしょう、そうでしょう。今の時点では、「収入は給料だけしかない」という方も多いと思います。

最初はそれでもOK。これから「書き込める収入」を増やしていけばいいのです。

書き込める収入は、意外と簡単に増やせますよ。

たとえば、メル〇リに出品して不用品を売ったとか、ちょっとしたことを手伝ったら謝礼をもらったとか……。少しずつ「書き込める収入」を増やしていくことが、お金持ちになる秘訣です。

手を動かす前にはなかった「入るお金を増やしたい」というモチベーションが、あなたの中にも芽生えてくるはずです。

私の時代はせっせと手で書き出したり、会計ソフトなどを使っていたのですが、最近の「家計簿アプリ」と呼ばれるものは、半ば自動でそれらをやってくれます。

実際に、この本を書くにあたって聞き取りをしたところ、多くの女子たちが、スマホの家計簿アプリを勧めてくれました。「マネーフォワードME」や「Moneytree」などのサービスは、クレジットカードの利用履歴や銀行口座、年金、証券などと連携させて、出入金を一元管理できるとか……！

これらも、最初の設定は少し手間がかかりますが、試してみるといいでしょう。政府もバックアップしている制度なので、セキュリティ面での大きな心配はないと思います（もちろん、安全なアプリかどうかは、ちゃんと判断して使ってくださいね。最近はフィッシング詐欺なども多いので、自分の身は自分で守る意識が大切です）。

家計簿➡バランスシート に考え方ごと移行する

1000万円貯めた女子が

やったこと list

3位

「貯金計画」を立てる

女子の意見

● 貯金を始めた頃は、正直、ガマンの意識が強くて、「本当に貯まるの?」と思っており、永田先生の無言のプレッシャーに負けて貯金を継続した感じだった。でも、それがいつの間にか、「あれ? こんなにお金が増えてる! 別にガマンもしてないのに」というふうに変わっていった

● そもそも「貯金」をしたことがなく、5年前はほぼゼロ。けど、いろいろな話を聞いているうちに貯金が習慣になったというか……。今は貯まっていくのが普通のことに

● 「資産形成」とはじめて聞いたときは、大げさかなと思っていた。だけど、これからどうしたいか、お金を貯めてどうするのかまでちゃんと考えておかないと、モチベーションは続かない。その意味で、「資産形成」の考え方は大事だと思う

「まず450万貯められるか」で
一生の豊かさが決まる

 先生の話を聞いて、さっそく天引きの貯金を始めました!

おっ、少しやる気になりましたね。始めてみて、どうですか?

 うーん、たしかに「生活が苦しい」とはなっていないのですが、でも、月々たかが5万円ですよね。本当に将来1000万円になるまで、貯まるんですか?

　お金を増やそう、という意識が芽生えた方が、数カ月後に言い出すこと、それは、この方のように「こうやって続けていけば、本当に貯まりますか?」ということです。
　たしかに、月5万円で1000万円を貯めるには、17年近くかかってしまいますよね。ボーナスを追加で貯金したところで、その年数が少し縮まる程度。そう考えるとがっかりしてしまうかもしれません。

　しかし、それで貯金をやめてしまうのは、早すぎます。なぜなら、「お金の貯まり方」には法則があって、「貯め始めた頃はいちばんお金が貯まりにくい」からです。

　ちょっと図で説明しましょう。

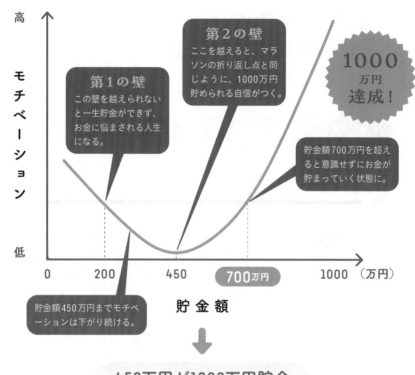

縦軸がモチベーションで横軸が貯金額です。ゴールが1000万円だとします。

お金を貯め始めた直後は、「自分が銀行に入れた額＝貯金額」なので、なかなかお金が貯まっていきません。

しかも、今まで貯金ゼロだった人が貯金を始めた、ということで、何かしらのガマンや生活の変化が求められるわけですから、いっそう大変ですよね。

だからほとんどの人が、貯金を始めた途端、貯金へのモチベーションが落ちます。

たしかに、ケーキを食べる回数を減らしたり、飲みに行く回数を減らしたり……

ですよね。お金を貯めることを始めた瞬間、「ガマン」が増えますから気分は上がりません。私がアドバイスをしている女性の中にも、「貯金ってツラい」と、この段階でくじけて離れてしまった方がいます。

けれど、まずはつべこべ言わずに、とにかく「200万円」、貯金しましょう。

もし、200万円貯められたら、大丈夫。貯金の才能とセンスがあります。あなたは確実にお金持ちになれる!

200万円ですね?　……そこを超えたら、らくらく貯まるようになりますか?

いや、200万円は、「その人が貯金のできる人か、そもそもできない人か」のボーダーラインにすぎません。残念ながら200万円から先も、けっこう苦しい。だいたい450万円を超えるまでは、残念ながら苦しい時期が続きます。

450万円……ツラすぎます……

でもね、450万円を境^{さかい}に、みなさんの考え方が変わります。そもそもやる気がアップします。500万円近く「資産」があるわけですから、そりゃあ嬉しいですよね。

次に、目指すものが変わってきます。

「私でも、1000万円貯められるでしょうか?」と言っていた方の多くが、**「1000万円貯めたら、次はどうしたらいいですか?」と自信を持って聞いてくるようになります。**

Part
2

マラソンと一緒で、折り返しが見えたら、今度は気持ちがゴールへ移っていけるんです。これは、私がこれまでたくさんの女性の貯金のアドバイスをしてきた中で見出した法則なので、まず間違いありません。

さらに、700万円を超えると急激にやる気はアップします。「早く1000万円貯めちゃおう!」と思って、どんどん節約して、その分を貯金に回そうとします。128ページの図をよく見ると「J」という英文字になっていますね。「成功のJカーブ」といって、成功する多くの人は、このカーブを通るといわれています。

つまり、何かに挑戦するときは、最初はツラくて落ち込むことが多いけど、そこを乗り切れば、上向きになって、しかも、加速して伸びる、ということです。

要するに、最初の苦しみが、ずっと続くわけではない。「1000万円貯める苦しみ」は、「200万円貯める苦しみ×5」ではないのです。同じように、450万円貯めるのに、多くの方は3年程度かかりますが、そのあと2年くらいで1000万円を突破する方が多いです。

ですからまずは、200万円貯めましょう。そしてそこから、450万円を目指しましょう。

「資産形成」は計画が8割

そうはいっても、ただ闇雲に、「お金を貯めろ」というのは、無理があります。「とにかく貯めよう」と漠然と考えるだけでは、450万円どころか、200万円の壁も越えるのが難しい。

そこでぜひやってほしいのが、「資産形成」の計画を立てることです。「計画」というと堅苦しいかもしれませんが簡単にいえば、「いくら貯めたら、ご褒美はコレ!」と事前に決めておくことです。

先ほど、「ご褒美が必要なほどの節約はやめなさい」と言いましたが、それは日々の暮らしの中でのこと。設定した目標にもとづいて、ちゃんと自分をほめてあげることは、とても大切です。

たとえば、「200万円貯まったら、レストランにおいしいものを食べに行く」とか、「450万円貯まったら、旅行に行く」などですね。

そういう節目を決めずにいきなり1000万円を目指そうとするから、「道のりが長すぎる!　無理だ!」と思ってしまう。

そりゃあ、今まででロクにお金を貯めてこなかったんだから、不可能だと感じてしまう、というものです。そうして、

もう、貯金は無理。人間いつ死ぬかわからないから、欲しいものは今買わなきゃ

使っちゃったら、また働いて貯めればいっか

なんて、ワケのわからない言い訳をして、バンバン使い始めることになります。

だから、とりあえず、「200万円まで」とはじめの壁を決めてみる。そこを破ってみると、違う世界が見えてきます。

これは、登山と同じ。地上から見える景色と、富士山の5合目から見える景色と、頂上から見える景色はまったく違います。

とりあえず5合目まで行ってみると、地上では想像もできなかったような、すごい景色が広がっています。そこまで行くことができたら、

自分を誇りに思いますよね。「よく登ってきたな」と。

　それで「頂上はどんな景色が広がっているんだろう。もうちょっと登ってみるか」という気持ちになってくるわけです。

　ですから、1000万円という大きな目標に向けて、200万円、450万円と細かく目標を立てましょう。

貯金は「5カ年計画」で

　というわけで、さっそく5年間の「お金を貯める計画（貯金計画表）」を書いてみてください。

　5年後を「1000万円」として、どのくらいのペースで貯めるか。配分の目安は先ほどもお伝えしたように、最初の3年くらいで450万円貯めて、その後の2年で550万円貯めるイメージでつくっておきましょう。

 そんな計画つくっても、守れませんよ

　守らなくてけっこう。この計画作業は、1000万円貯めるまでの道のりを確認したにすぎません。登山だって、登り始める前に、地図を確認するでしょう？　それと同じです。

「1000万円貯めるためには、この時期にはこのくらい貯まっていないと」と思うだけで、貯めるモチベーションにつながりますし、浪費しそうになったときの歯止めにもなります。

　計画表に、合わせて「200万円」「450万円」時点でのご褒美も書き込んでおきましょう。

貯 金 計 画 表

	月日	年齢	貯金額	合計額
1	月　　日			
2	月　　日			
3	月　　日			
4	月　　日			
5	月　　日			
6	月　　日			
7	月　　日			
8	月　　日			
9	月　　日			
10	月　　日			
11	月　　日			
12	月　　日			
13	月　　日			
14	月　　日			
15	月　　日			
16	月　　日			
17	月　　日			
18	月　　日			
19	月　　日			
20	月　　日			

1000万円貯めた女子がやったことリスト─3位

	月日	年齢	貯金額	合計額
21	月　　日			
22	月　　日			
23	月　　日			
24	月　　日			
25	月　　日			
26	月　　日			
27	月　　日			
28	月　　日			
29	月　　日			
30	月　　日			
31	月　　日			
32	月　　日			
33	月　　日			
34	月　　日			
35	月　　日			
36	月　　日			
37	月　　日			
38	月　　日			
39	月　　日			
40	月　　日			

	月日		年齢	貯金額	合計額
41	月	日			
42	月	日			
43	月	日			
44	月	日			
45	月	日			
46	月	日			
47	月	日			
48	月	日			
49	月	日			
50	月	日			
51	月	日			
52	月	日			
53	月	日			
54	月	日			
55	月	日			
56	月	日			
57	月	日			
58	月	日			
59	月	日			
60	月	日			

1000万円貯めた女子がやったことリスト—3位

ご 褒 美 の 効 果 を 最 大 化 す る

 ご褒美は、200万円貯めるまでなしですか!

　そうですね、最初のご褒美は「200万円」のラインがいいと思います。せっかく貯めても、こまめにご褒美といって出費をしていては貯金をする意味がないからです。

 それじゃ、モチベーションが上がりません。「3年後に憧れのレストランで食事」といっても、そんなのまだまだ先じゃないですか

　そういう方におすすめなのは、「ご褒美を視覚化しておくこと」です。
　視覚化は絵でも、写真でもいい。レストランに旅行にアクセサリーに……目標達成したときに思い出せるようにご褒美の具体的なイメージを目につくところに貼っておきましょう。

　私もかつては、A4やA3くらいのコルクボードを買って、テレビの横に置いていました。そのコルクボードに家や車、時計などのご褒美の写真を貼り出していました。
　テレビを見れば、ご褒美の写真が自然と目に入りますから、その都度、目標を意識することになります。すると、日常生活のこまごました判断をするときに、ちゃんと目標に到達するような選択や決断をするようになるんです。

　目標は視覚化すると、実現しやすくなる。これは、成功したビジネスパーソンなどが、よく本で書いていることですよね、笑。実は、私も最初は、その考え方を勉強して真似してみたんです。そうしたら本

当に貯まったし、女子たちも続々貯めています。

「やる」と「やらない」では結果が全然違います。特に、「計画を立てる」って本当に大事なこと。
　働く女子たちを見ていると、「会社がつまらない」とか、「給料が上がらない」と言いながら日常を過ごしている。
　でも、少しでも豊かさに近づきたいと思うのなら、途中で投げ出してもいいし、ダメでもともとと思ってでもいいので、まずは計画表をつくるところから始めてみてはどうでしょうか。

計画通り貯められる人、貯められない人 その違いは？

計画表をつくったら、まず、自分でじっくりと見てください。

「できる」と思いましたか？　それとも「できない」と思いましたか？

「できる」と思った人はだいたいできますので、レッツゴー！　貯金開始です。

「できない」と思った人は、なぜできないのか、理由を考えてみましょう。生活費が足りなくなるから？　遊びに行けなくなるから？　それとも他の理由ですか？

　理由を考えて、やっぱり「できない」と思った人は、まずできませんから、計画を見直します。下方修正して、月5万円だったのを3万円にしてもいいし、1000万円貯める目標そのものを500万円にしてもいいです。

　とにかくまずは、「自分も貯金ができる」という成功体験を重ねて、貯金に対する苦手意識を払しょく^{ふっ}してください。

> でも、貯金って、ホント苦手。積立とかやっても、必ず、挫折して、途中解約しちゃうんですよねー

　そんな方でも大丈夫。貯金が続くコツがあります。それは、つくった計画表を「毎日見ること」です。

> えっ、それだけ？

　それだけです。それがいちばん効きます。

　そもそも、人は忘れる動物なんです。実際に多くの人が貯金を始め

たこともすぐに忘れちゃって、消費に走ってしまいます。

ですから、「貯金中」を意識するために、壁でも、トイレでも、冷蔵庫でも、手帳でもいいから目につくところに計画表を貼っておくんです。富女子会の女子の中にはスマホの待ち受けにしていた人が何人かいます。彼女たちは1000万円貯金をきちんと達成しました。

それは、毎日自分のつくった計画表を見て、頭がムダな消費に向かなくなるようにした、習慣のたまものです。

みなさんもだまされたと思って、習慣にしてみてください。

（ 去年の自分と今の自分を比べる時間を持つ ）

貯金を開始したら1年後、できれば年度の終わりごとに毎年通帳を見て、去年の自分と比べてみましょう。

ちょっとでも増えていたらそれで○。「去年より月々5千円も多く貯められている」「20万円も貯金が増えた！」と喜ぶ。あるいは、「あれ、もう少し貯金できたかもしれない」「ムダ遣いしたかも」と悔やむかもしれません。どっちにしろ前の年より貯金額を増やせればいいです。

そうすれば、貯まるお金が増えていくので、そこに楽しさが生まれます。「来年はもっと貯めよう！」と未来に明るい希望が持てるようにもなるでしょう。そうなったらこっちのもの。もう、どんどん貯まるようになりますよ。

このときに間違っても、他人とは比べないでくださいね。「あの人は○○円貯金があるって言っていた。私なんか、全然ダメダメ」と気にしていては落ち込むばかり。貯めるモチベーションも下がってしまいます。比べる相手はあくまでも「去年の自分」です。

「 貯 金 体 質 」 の つ く り 方

　繰り返しになりますが、私は女性たちに、20代とか30代前半で1000万円貯めてもらいたい、と切望しています。
　それは、**とにかくそこで1000万円貯められたら、その後の将来はお金にそんな困らなくて済む、といえる**から。

　なぜか？　それは、お金を貯める方法を身につけておけば、1000万円をすぎたあとも貯金はJカーブで増えていくからです。
　もちろん将来、結婚したり妊娠・出産・子育てなどで貯金が減ってしまうかもしれない。退職して専業主婦（夫）になる方もいるでしょう。でもその状態は、「まったく貯金をしたことのない状態」とは違います。

　何が違うかというと、20代で自分で働きながら5年で1000万円貯めると、ある種の「貯金体質」ができる。この貯金体質をつくることが大事なんです。
　同じように「普通に」暮らしていても、無理なくお金を貯める方向に自分を持っていくことができるのです。

　これはダイエットと同じで、太ってやせて、と繰り返すのは体によくありません。
　そうではなくて、甘いものを食べすぎないとか、運動はしっかりするとか、習慣としてやっていくしかないのです。そういう「太らない生活の習慣」こそが、「やせ体質」ということですね。

　同じように、「お金が貯まる生活の習慣」こそが「貯金体質」で、貯めたことのない人は一生身につけることができないものです。

「未来を見る」をクセにする

今、頑張って働いて稼げている方も、40代、50代になっても今と同じように働けるとは限りません。あるいは、新型コロナウイルスのように、想定外のことが起きてあなたの仕事が将来、苦境に立たされる日がくるかもしれません。

仮に70歳まで働けたとしても、今は人生100年の時代です。

あとの30年は余力で生きていかなければいけないんです。

 そんなに老後のことばかり考えられません!

と言う女子たちもいます。たしかにそうかもしれません。だとすれば、5年、10年先でもいい。現在働いている会社の5歳上、10歳上の先輩や上司を見れば、自分の将来もなんとなく見えてくるでしょう。

私は会社員時代、いつも先輩上司を見ていました。そして、「5年後、10年後は、あの先輩たちより、経済的にも時間的にも豊かでいたい。そのためにはどうすればいいか」を考えてきました。

未来に自分はどうなっていたいか。それを考えるクセをつけましょう。今より豊かな未来のために、「貯金体質」を身につけましょう。それができるのは、20代、30代の今なのです。

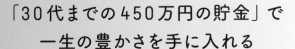
「30代までの450万円の貯金」で
一生の豊かさを手に入れる

1000万円貯めた女子が やったことリスト｜3位

141

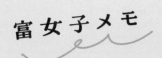

富女子メモ

お 金 の プ ロ に 相 談 し て み る

　もう1つ、お金を貯めるために効果的なのは、「貯金のサポートを
してくれる人に相談すること」です。

　家族など身近な人に相談できればいいですが、お金のことになる
と、人は口が重くなりがちです。しかも、ご家族がお金のプロフェ
ッショナルでない場合には、的外れなアドバイスをされることにも
なりがちなので、あまりおすすめできません。
　次に、みなさんの頭に思い浮かぶのは、FP（ファイナンシャルプ
ランナー）や銀行、証券会社の人など、お金のプロだと思います。
でも、彼らは手数料商売ですから、相談すればどうしたって、何か
金融商品を勧めてきます。それで儲かればいいのですが、そういう
金融商品でお金が貯まったという話はあまり聞きません。

　相談できる人がいない、という場合には、ぜひ、「税理士」を検
討してみてください。
　個人の確定申告の代行であれば、1万円くらいで引き受けてくれ
る税理士もいますし、何より税理士であれば、税金の相談にものっ
てもらえます。お金の相談相手としては、うってつけだと思います。

「固定費」を見直す

女子の意見

- 会員登録していたのに全然行っていないヨガを解約したら、それだけで年間10万円以上、貯金額が増えた。「解約したら後悔するかも」と思っていたけど、今のところまったく問題なし

- 何年も放置していたスマホのプランを見直したら、月々の利用料が4000円くらい安くなった。手続きは少し手間だったけど、毎月4000円節約しようとするよりも断然ラク

「使っていないのに払っている」ものは意外に多い

　私のところに相談に来る女性たちには、まず、自分の出費をきちんと把握してもらっています。

　出費は「固定費」と「変動費」の2つに分類できます。

日常の2つの出費

・**固定費** …… 毎月一定額必要になる生活費のこと。水道光熱費、月謝、通信費、保険料など。

・**変動費** …… 毎月の活動によって変わる費用のこと。食費、交際費、レジャー費、衣料費など。

　この2つに分けながら、何にいくら使っているかを洗い出していくと、よく聞くのが、

> 固定費だけで、毎月の給料の大部分がなくなっちゃうんです

という話。

　実際に中身を見せてもらうと、「家賃6万円」「スマホ・インターネット代1万5000円」「光熱費1万円」「習い事の月謝1万円」「保険料1万円」「有料動画サイトなどアプリ代2000円」……など、合わせて毎月10万円ほどを「固定費」にかけている方が多いようです。

　固定費の多くは、生活に必要な出費だから仕方ない?

いやいや、実は固定費を見直すことが、無理なく貯金額を増やす秘訣です。

今日のおやつ代や明日の洋服代を減らすよりも、まずは固定費を見直しましょう。

わかりやすい食費・交際費を削るのは ツラさ倍増

なぜ固定費を見直すことが大事なのか。その理由は、3つあります。

1つめは、変動費を減らすのは大変だからです。「節約しなさい」と言うと、みなさん、最初にやってしまうのが、変動費である食費や交際費を減らすこと。これはツラくて効果のない節約術です。

食費や交際費を減らそうとすると大なり小なり、ガマンが必要になりますね。それでストレスがたまって、余計にお金を使いたくなっちゃうんです。

しかも、ボクサーの減量なら「試合まで」という期限があるけれど、節約には「いつまで」という期限がない。それでため息しか出てこない、となるわけです。

だからこそ、見直すなら「固定費」なんです。

たとえば、携帯電話のプランを見直して安くすれば、毎月意識しなくても、節約ができます。使い捨てコンタクトレンズを安くできれば、その分、貯金に回せます。つまり、固定費を低くできれば、努力しなくても毎日チャリンチャリンとお金が貯まっていくことになります。無理な切りつめよりも、断然ラクですよね。

このような意識しなくてもラクに貯金ができるシステムをつくることが、貯金の要。天引き貯金と同じ考え方です。

　2つめは、固定費は「使った意識がないのに使っている」お金だから。多くの固定費は、毎月カードで自動的に支払われたり、口座からの自動引き落としだったりします。「自動」ということは、「払っている意識」はどんどん薄れていくということです。

　ですから、はじめて家計簿をつけた方の多くは、
「こんなに固定費がかかっているとは思わなかった」
と驚くわけです。

　せっかく仕事を頑張ってお金を稼いでも、無意識に使ってしまっていては、仕方ありません。ですから、その無意識に使ってしまうお金に一度意識を向けて、本当に必要なのかを見直すことが大切です。

　固定費を見直してほしい3つめの理由は、ほとんどの方の固定費には、「ムダ」があるからです。

　ここでいう「ムダ」とは、実際に必要なものの金額よりも多くを払っている、ということ。

　たとえば、ある女性はヨガを習っていて、「月5500円で、好きなだけ通っていい」というプランを選んでいました。話を聞くと、ヨガに行くのは毎週1回。そのヨガ教室は、定額コースを利用しない場合には、1回1200円で利用できるそうです。

　今のプランを継続した場合、年間の支払い額は、

$$5500円 \times 12ヵ月 = 6万6000円$$

　一方、1回1200円で支払ったとすると、1年は52週間強なので、

$$1200円 \times 52週 = 6万2400円$$

年間で3600円の差です。

　この差は大したことがないなと思うかもしれません。でも、こうしたムダがスマホの基本利用料でも、アプリ代でも、保険料でも発生していたら、どうでしょうか?
　定期的に支払う固定費は、少し支払い額を減らせれば、時間の経過とともにその「少し」が積み重なってかなりの額になるものです。

　普段、LINE電話などを使っているのに、スマホキャリアの「無料通話」プランを入れていませんか?
　「初月無料で、登録すると特典があります」などと言われて登録したアプリが、有料になったあとも放置されていませんか?
　一人暮らしで、自宅の電気もインターネットもさほど使わないのに、大容量プラン契約にしていませんか?

　世の中は、私たちに「ムダに高いプランを契約させる」仕組みであふれています、笑。
　「いつか使うかもしれないから」は、使うときに再度考えればよろしい。今すぐ見直しましょう。

1000万円貯めた女子が

やったこと
list

4 位

「固定費」を見直す

「携帯プラン」を
見直す

月々のスマホ代、「いくら」払ってる？

スマホ代を見直したら、「出費」が減った。ついでに電話で
だらだら話している時間も減って「時間の使い方」もうま
くなった気がします

　これは、1000万円貯めた女子の数人が、教えてくれたことです。
彼女たちは、スマホのプランを見直したり、アプリを整理することで、
出費をおさえられたこと以外にもいい効果があったというのです。こ
れはどういうことでしょうか。

まず出費から。最初に見直すべきは、契約しているプランです。2021年春から、携帯各社が新ブランド・新プランを発表しました。オンラインでしか予約・申し込みができず、高齢者層を中心に混乱した方もいるようですが、「オンライン限定」によって人件費やサービス費などを浮かすことで低価格を実現しています。

　2022年5月の日経新聞では、月々20ギガのプランで、東京は世界の6都市中、3番目の安さになったとか。その恩恵を、みなさんもちゃんと享受（きょうじゅ）していますか？

　安いプランが発売されても、自分で見直さなければ、その恩恵にあずかることはできません。放置している方は、今すぐ見直してみてください。

　ただし、「とにかく安いプランにせよ」と言っているわけではありません。安いプランにしたことで通信量が足りなくなったり、電波がなかったりしたら、意味がありません。

　次に、時間の使い方。多くの方は、「月々○○円」で利用しているアプリがあると思います。

　そのアプリ、本当に必要ですか？

　たとえば家計簿アプリなど、継続利用することでメリットがあるならば、払い続ける価値はあるでしょう。しかし、ゲームアプリや雑誌や漫画の読み放題アプリなどの中に、登録した直後はよく利用していたけれども、利用頻度が減った今も契約し続けているものはありませんか？

　利用頻度が減ったり、有料プランでないと使えないのに活用できていないサービスであれば、解約してしまいましょう（ただ単にアプリを消去しただけでは、多くの場合は解約にはなりません。きちんと支払いを停止する手続きをすることが大切です）。

なぜお金の節約が時間の節約になるのか

　さて、アプリの整理がどうして「時間の使い方の改善」になるのか。
　私には正直よくわからなかったので、冒頭の発言をした女子に、もう少し話を聞いてみました。すると、

> 動画サイトに有料の会員登録をしていました。毎月支払い時期が近くなると、「やばい、今月まだ全然観てないや」と思って、特に観たかったわけでもない映画とかテレビドラマとかを観始めていたんです。解約したら、映画もドラマも観られないけど、別にそれで残念とも思わなくて……

とのこと。最初は、映画やドラマを観たくて登録したはずなのに、いつの間にか「登録してあるから観なくちゃ」と変わってしまっていたことに気づいたというわけです。同様に、

> 友だちに誘われて有料のアプリを入れていましたが、よく考えるといらないな、と思って退会しました

という人もいました。
　こうした視点は私にはないものだったので、本当に驚きました。

　「以前は大事だったもの、やりたかったことが、時間を経てどうでもよくなる」というのは、往々にしてあるものです。そのときに、惰性で“そのまま”にしてしまわないこと。
　本当に必要なのか、やりたいのかを自分で判断することが、自分の人生を自分で選び、コントロールすることにもつながっていくのです。

1000万円貯めた女子が

やったこと list

4位

「固定費」を見直す

「保険」を見直す

「保険に入らなきゃ」と思い込んでいませんか？

> この間、うちの会社に保険のオバサンが来て、医療保険、勧められました。「若いうちに入ると保険料が安くて済むから、ゼッタイに今入ったほうがいいわよ〜」って。実際のところ、入ったほうがいいんですか？

社会人になると、誰もが一度は受けるのが、「保険の勧誘」です。

保険に何も入っていないよりは、何かに入っていたほうが安心のようにも思えますし、知り合いから頼まれれば断りづらいもの。

「じゃあ、安いプランで……」

などと、入ってしまった方も多いのでは。

　実際、日本人の保険好きは明らかで、「人生の中で高い買い物ベスト3」には、保険がしっかり入っています。

	項目	費用	内訳
1位	家	6481万円	物件価格（5000万円）＋住宅ローン金利（881万円）＋諸費用（250万円）＋固定資産税（350万円） ●住宅ローンはフラット35で固定金利1％と想定 ●諸費用＝登記費用＋火災保険料＋仲介手数料＋住宅ローン手数料等 ●固定資産税＝年10万円×35年
2位	車	2505万円	●車両200万円＋維持43万円（ガソリン代＋駐車料＋保険＋税金）×7年間＝501万円 ●30歳から65歳まで、車の平均所有期間7年を5回乗り換えた場合
3位	保険	男性864万円 女性576万円	●男性　平均　月額保険料　2万4000円 ●女性　平均　月額保険料　1万6000円 ●30歳から60歳の30年間、加入した場合

　ここで、「大人になれば入るのが常識だから、入ったほうがいいですね」と思った方!　その考え方は違います。

　何か目的があって、金額なども自分で考えて選んだ保険ならば、私は止めません。しかし、「みんなが入っているから」「勧められたから」という理由で入るとしたら、ストップ!

 だから、いつまで経ってもお金が貯まらないんですよ

と申し上げたい。この項目の冒頭のような相談も論外中の論外です。

さっそく、具体的に見ていきましょう。

（　　　なぜ「勧められた保険」はダメなのか　　　）

「備_{そな}えあれば憂_{うれ}いなし」「保険に入っていてよかった」……。テレビCMを観ていると、こういう言葉とともに、実際に病気になって保険金が下りた有名人が登場します。

あるいは、

「保険のプロに相談しましょう」

などという文句とともに、保険の相談ができる窓口が紹介されているのも見かけます。

しかし、保険は「勧められたから」という理由で入るものではありません。なぜか。

それは、「保険のプロで、損得抜きで保険を勧めてくる人はいないから」です。

まず、「若いうちに保険に入ったほうがいい」と勧める「生保レディ（保険外交員）」。そもそも保険外交員が保険を勧めるのは、「加入者を増やすことが仕事だから」です。

仕事として保険を勧めるのが悪い、というわけではないですよ。もちろん中には、自社の保険プランに本当に自信を持って、加入を勧めてくる方もいるとは思います。

でも、それ以前の問題として、「加入者を増やさないと自分の業績が下がる」というモチベーションがどこかにあること、そして保険外交員に勧められて加入すれば、当人たちに何らかのリターンはあることは、忘れてはいけません。

そういう方々に相談するときは、
「自分のような年齢の女性が入ったほうがいい保険はあるか?」
　などの漠然とした相談ではいけません。もっと具体的に目的や保険
内容を指定して、それに合ったものを教えてもらう、という形をとり
ましょう。

　次に、「どの保険会社を選べばいいか」の相談にのってくれる窓口。
多くの場合、無料で相談にのってくれますね。
　でも、仕事として保険を勧めている以上、どこかから必ずバックマ
ージンが入るはずです。では、どこからでしょうか?

　はい。考えるまでもなく、各保険会社から、です。ということは、
やっぱり相談者がどこかの保険に入ると、窓口の人にはリターンがあ
るわけです。同じような保険でもマージンが明らかに違うとしたら、
あるいは、一方のプランには何らかのノルマが課せられているとした
ら、無意識に自分（窓口スタッフ）にとって都合がいいほうを勧めて
しまうのが人間だと思いませんか。
　ですから、こちらを利用する場合もやっぱり、漠然とした相談では
カモになってしまうわけです。

「こういう目的で、こういう保障をしてくれる保険に入りたい」とい
うのがはっきりしている人だけが、この窓口を有効活用できるのです
（といっても、私だったら利用しませんけど）。

　というわけで、漠然とした相談しかできないならば、「その保険、
ちょっと待った!」です。
　若いうちに入れば、たしかに月々の支払いは少額かもしれませんが、
毎月毎年と払っていけば、その金額はバカになりません。じっくり考

えてから入るかどうか決めてください。

そもそも「医療費は3割」。負担が少ない

ひと口に保険といっても、死亡保険、医療保険、年金保険、介護保険（民間）などといろいろあります。はっきりいって若いうち（40歳未満）は、死亡保険と医療保険はほぼいりません。

そんなことを言うと、

 でも、保険に入っていないと、やっぱり不安です

という方が多くいます。不安に思うのは、実際に病気や事故にあってしまったときにかかるお金や、国の補助制度などを知らないからだと思います。

そこでここでは、自分で保険に入る前に知っておきたい日本の保険制度をおさらいしておきましょう。

まず、日本は「国民皆保険制度」という、世界に誇れるすばらしい保険制度が整っています。みなさんは、「健康保険証」を持っていますよね？　保険組合などから発行されて、月はじめの通院では医療機関に提示しないといけない、あのプラスチックのカードです。最近はマイナンバーカードへの統合も進んでいます。

あのカードがあれば、20代、30代の女性が病気やケガで受診した場合はそもそも、医療費は3割負担。つまり、実際は1万円かかるとしたら、そのうち7000円は保険で出してくれて、実際に払うのは3000円、ということです。

高すぎる医療費は国が払ってくれる

　次に、月ごとに医療費が高額になった場合に、自己負担限度額を超えた分を払い戻してくれる「高額療養費制度」があります。この制度は月収によって自己負担限度額が変わりますが、

年収 約370万円未満

➡　ひと月の上限が 5万7600円

年収 約370万 ～ 約770万円

➡　8万100円 +（総医療費 − 26万7000円）× 1%

年収 約770万 ～ 約1160万円

➡　16万7400円 +（総医療費 − 55万8000円）× 1%

　といった具合です（収入、医療費は、家計内で合算。ただし、医療費の合算は2万1000円を超えるものしかできません）。
　1カ月の自己負担額が、前述の金額を超えた場合には、国民健康保険や協会けんぽなど、みなさんの保険証を発行している組織に申請しましょう。

たくさん医療費を払ったときは 医療費控除の対象に！

　さらに、家計あたりの年間の医療費が10万円を超える場合、ある

いは年収が200万円以下で医療費が総所得の5％を超える場合には、確定申告をすれば医療費控除が受けられて、翌年の納税額が下がります。薬局で買える薬でも対象になるものもあるので、その年の1月1日から12月31日までの医療費の領収書は保存しておくといいですね。

　こういった具合に、日本は、もしもの医療費に対するセーフティーネットがそもそも充実しているわけです。保険に加入するかどうかは、こうした制度を正しく理解してから判断するといいでしょう。

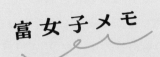

保険に入るなら、考えるべき「"もしものとき"にいくら必要か」

　先ほどは、保険に入りたいときはよく考えるべきと書きましたが、それでもどうしても保険に入りたい場合は、どうすればいいかを説明します。

　大前提として、投資信託を銀行の窓口で買ってはいけないのと同様に、生命保険も窓口での加入は危険です。保険会社に加えて、銀行やFPにも相談してはいけません。

　私自身、保険会社に勤務していたのでよくわかりますが、バックマージンを考えてみましょう。保険会社などに相談していいのは、自動車保険や住宅火災保険などの損害保険だけです。

　では、そういった保険会社などに相談せずに、どんな生命保険に加入すればいいか。自分で決めるのはとても大変ですよね。

　そもそも人によって選ぶべき生命保険は違います。その人にどれだけの社会保障と会社の保障があるか、住宅ローンに付随する団体信用生命保険（以下、「団信」。病気やケガによる就労不能、死亡などの理由で住宅ローンの返済を滞らせないことを目的とした、ローンを組んだ人だけが入れる保険のこと。詳細は182ページを参照）の加入状況など個人差があります。

　ケースを挙げながら説明していきます。

会社員なら、「もしものとき」に、国と会社からお金が出る

　会社員の場合、死亡したときは、国から遺族厚生年金、会社から死亡退職金・弔慰金が支給されます。もし住宅ローンを組んでいれば、団信の保険金も入りますから、3カ所から支給されることになります。

ケース1

夫が会社員で2人の子どもがいる場合

　自分　32歳・専業主婦
　夫　　35歳・会社員（厚生年金加入／期間13年）
　子　　2人（8歳・5歳）
　年収　500万円
　住居　持ち家
　住宅ローン　　有。残債4500万円。団信加入

　このケース1の男性が35歳で死亡したときには、どれくらいの保険金が支払われるでしょうか?
　まず住宅ローンの残債額の4500万円が団信の保険金で支払われます。
　遺族厚生年金は段階的に支給額が変わる仕組みです。第1子が18歳になるまでの10年は年間170万円（計1700万円）、その後第2子が18歳になるまでの3年は年間145万円（計435万円）、さらにその後、妻が65歳になるまでの20年は年間58万円（計1160万円）となります。
　死亡退職金は10年超の勤続で平均150万円程度です。

つまり、ケース1の場合は、

● 団信によってローンの残債4500万円がなしになるうえ、
以後の住居費の問題はなくなる

● 遺族厚生年金（1700万円＋435万円＋1160万円）
＋死亡退職金150万円＝3445万円　を受け取れる

という形になります。年金だけで生活するのは難しいかもしれませんが、月10万円ほどの収入を得て、教育ローンや奨学金を活用すれば、子どもの大学進学も十分可能です。
　保険に入るにしても、ネット保険で月々4000円（掛け捨て）程度の保障で十分ではないでしょうか。

　また、妻の老後資金を、自宅を担保にしたリバースモーゲージ（180ページ参照）で用意した場合には、さらに老後が安泰です。

ケース2

夫が自営業者で2人の子どもがいる場合

自分　32歳・専業主婦
夫　　35歳・自営業（国民年金／期間15年）
子　　2人（8歳・5歳）
年収　500万円
住居　賃貸。家賃は月10万円
住宅ローン　　無

　ケース2の男性が35歳で死亡したときには、どれくらいの保険金が支払われるのでしょうか？

賃貸住宅に住んでいるため、団信は関係ありません。

遺族基礎年金も段階的に支給額が変わる仕組みです。第1子が18歳になるまでの10年は年間122万円（計1220万円）、その後第2子が18歳になるまでの3年は年間100万円（計300万円）、さらに妻が60歳から65歳になるまでの間は寡婦年金として年間19万円（計95万円）となります。

自営業ですから、死亡退職金はありません。

つまり、ケース2の場合は、

● 遺族基礎年金（1220万円＋300万円）
　＋寡婦年金95万円=1615万円　を受け取れる

ということになります。

同じ35歳で年収と家庭環境が同じであっても、自営業か会社員かで社会保障と企業保障が異なることがわかりますね。

また、ケース2は持ち家ではないため、月10万円が住居費として追加でかかることになります。2年ごとにかかる更新料も、30年間暮らせば150万円と、バカになりません。

ケース1と2の受け取れる金額の差1830万円と、ケース2で一生かかり続ける家賃を考慮すると、その女性の寿命にもよりますが、差は6000万円近くに及びます。

この6000万円の保険に20年間加入した場合の保険料は、通常は月々1万円前後。もちろんこの保険は掛け捨てです。

この2つのケースを比較すると、同じ年齢の人でも、その人の属性によって加入しなければいけない生命保険の金額が異なることが

わかります。

　生命保険は、遺族、特に末子の年齢が18歳になるまでの経済的な不安をなくすことが目的ではありますが、その保険料は長期間にわたる支払いです。できる限り、ムダのないプランを選ぶことが大切です。

　そのためにも、自分が受けられる保障や、住宅ローンの残債や団信の加入状況を正しく把握しておきましょう。

ケース3

40歳以下独身

　そもそも独身で若い方は生命保険に入らなくてもいいと思います。その分、貯金しましょう。

　「そうはいっても心配だから、何か入っておきたい」という場合は、共済保険をベースに考えるのがいいでしょう。「都道府県民共済」「こくみん共済 coop（全労済）」「コープ共済」「JA共済」などがあります。共済保険は、民間の生命保険と違って「営利目的ではない」ものです。そのため、月々2000〜4000円と、比較的手頃な掛け金で入院も手術も保障するという商品がたくさんあります。

　月々数千円で安心が買えるなら安い、という見方自体を否定するつもりはありません。自分に必要な保障を厳選して、加入を検討してみてください。

ケース4

40歳以上独身、
もしくは子どもが手離れしている

　2022年から本人年収200万円以上の後期高齢者の医療費負担が2割に増えました。少子高齢化は進む一方ですから、今後も医療費引き上げは続くでしょう。介護保険もどうなるかわからないことからも、40歳を超えたら、医療保険に加入するといいでしょう。

　ただし、今は手術にしても日帰りだったり、数日の入院で退院となるケースがほとんどです。ですから、1日に何万円も入院給付金が出るものより、介護保険がついているものがいいと思います。

養老保険って実際どうなの？

　この項目の最後に、最近よく相談を受ける「養老保険」についてお話ししておきます。

　養老保険は、現役時代にお金を積み立てていって、定年退職後に年金のような形で保険金を受け取るもの。老後2000万円問題が話題になった頃から、私がアドバイスしている女性たちから質問を受けることが増えてきました。

　積み立てることで年金形式でお金をもらえる、というのは、いかにも将来の備えとしてよさそうな感じがします。

　しかし、そこで注意したいのは、物価との連動の有無です。端的にいうと、物価と連動しない養老保険はリスクでしかない、ということになります。

1000万円貯めた女子がやったことリスト｜4位

163

　たとえば、養老保険として、月々1万円を積み立てたとしましょう。年間12万円で、30年積み立てれば360万円。けっこうな金額です。
　でも、30年後に「1万円」が、今と同じ価値を持つとは限りません。大卒者の初任給をさかのぼってみると、この意味がよくわかると思います。

2020年	約21万円
2010年	約20万円
2000年	約19万円
1990年	約17万円
1980年	約11万円
1970年	約4万円
……	

　ここで、「月4万円じゃ生活できません!」と思った方も多いのでは。私も無理です。これは物価を無視した金額なので、今の物価に換算すると13万円ほどになります。これでも今と比べると少ないですが、4万円よりはだいぶいいですよね。

　「物価との連動」というのは、こういうことです。1970年の1万円は、今の1万円とは価値が違います。それなのに1970年に月々1万円積み立てていたものが、今、「1万円」として返ってくるとしたら、損した気持ちになりませんか?

　というわけで、養老保険のように長く積み立てるものは、物価と連動して調整されない限り、積み立てた価値よりも支払われる価値が下がりかねないのです。

以上のような観点から、どの生命保険に加入するかを検討しましょう。

　最後に、保険の中でおすすめなのが、これまでに何度か登場している、不動産を購入する際の付帯保険「団信」です。これは、182ページでお話しします。

1000万円貯めた女子が

やったこと
list

4位

「固定費」を見直す

「家賃」を見直す

「独身女子は家を買え」と
私がおすすめする理由

続いて、固定費の中でも最大のもの──家賃と家の話をします。
ここでの主張はシンプルで、次の2つです。

❶ 独身で実家が関東近郊ならば、一人暮らしせず実家に戻る
❷ 一人暮らしで正規雇用の人は、一刻も早く「中古マンション」を買
う

この2つはシンプルですが、お金を増やすには、とても大切なポイントです。ていねいに説明していきます。

「家賃を払い続ける」のは 大家さんを潤（うるお）わせるだけ

日本では、「社会人になって数年経ったら、賃貸マンションやアパートで一人暮らしをする」という習慣があります。実家が職場の近くにあるなどの一部の例外を除いて、多くの方が「一人暮らし」をします。

しかし、賃貸物件を借りるときには忘れてはいけないことがあります。それは賃貸物件を借りることは「お金持ち」になりたい人の理にかなっていないということです。
いったい、どういうことでしょうか？

このことは、「賃貸」と「持ち家」を考えたときの登場人物と、お金の流れを考えればわかります。まず、賃貸の場合。
ある物件に対して「持ち主（大家さん）」がいて、それを「家賃」を払って借りる形になります。物件によっては別途、管理費などを支払うケースも多いでしょう。

大家さんは、たいてい、家を貸して何らかの収益を得ています。つまり、物件に払う値段に加えて、大家さんの収益や借り手がつかなかったときのバッファーなども上乗せした金額が、「家賃」として定められているのです。

> 家賃　＝　純粋な部屋代や管理費　＋　大家さんの収益

　あるいは、大家さんがその部屋を投資目的でローンを組んで購入しているとすれば、

> 家賃　＝　ローン返済額　＋　管理費　＋　大家さんの収益

となるわけです。

 大家さんだってボランティアじゃないんだから、収益が上乗せされてるのは当たり前じゃないですか。それが、借り手がお金持ちにならないことと、どうつながるんですか?

　もちろん、その通り。それがどういうことかをもう少し具体的に考えてみましょう。
　たとえば、家賃6万円の部屋に5年間住み続けたとしましょう。敷金や礼金、更新料といった話は抜きにしても、
　6万円×12カ月×5年＝360万円
で、家賃の総額は360万円になります。

　360万円といえば、けっこうな額ですよね。それで5年後、あなたの手元には何が残りますか?　何もないですよね。
　仮にそのまま30年同じ家に住んだなら、2000万円以上を支払う計算になりますが、それでも、手元に何も残らないのは同じ。賃貸は、お金を払ったらその家に住むことができますが、それだけ。その先に

は何もないのです。

　大家さんに退去を求められたら、出ていくしかありません。

　むなしいと思いませんか？

　一方、賃貸ではなく、月々6万円のローンを組んで家を購入していたらどうでしょうか？

　この計算では、支払い額は賃貸の場合と同じです。でも、30年住んだあとには、ローンを完済したあとの部屋が残ります。部屋は立派な資産です。

　その部屋は、古くなって、買った当時の値段ではないかもしれませんが、住み続けることはできる。もう家賃はかかりません。

「お金持ち」になるには 家賃支払いより、資産形成

　同じ「住居費6万円」でも、自分でローンを組めば、それは資産形成です。

「家賃を払う」のではなく、その分で「資産を形成する」。

　毎月の家賃が6万円なら、毎月6万円ずつ資産を形成する、と考えてほしい。

　私はこの話を「お金を貯めたい」と集まってくる女子たちにも、いつも口を酸っぱくしてお伝えしています。しかし、そのたびに寄せられるのは、

 賃貸はむなしいと言われても、持ち家がないんだから仕方ないでしょ

 独身女性がアパートやマンションを買うのは変

一生、同じ部屋に住み続けるわけではありませんから

 今さら賃貸をやめて実家なんかに帰れません。親にも心配されちゃう

 将来は転職も結婚もしたいし、子どもも欲しい。そのときどきで合った家に住みたいです

 同じ場所に住み続けるのは飽きちゃいます。引っ越ししたい

 ローンを組んで、もし病気になったりして返せなくなったら怖い

 日本は人口が減っているし、天災も多いので、不動産を持つのはリスクだと聞きました

　などの意見です。

　これまで「賃貸に住んでいるとお金は貯まらない」と何百人の女性に伝えたかわかりません。しかし、半数以上の女性が賃貸住まいのまま。

　独身の女性が不動産を買うこと、一度一人暮らしを始めた人が実家住まいに戻ることに対する抵抗感は大きいのだと思います。

　ただ、本当に根気強く情報提供をし続けたところ、ここ数年で何人かの女性が、賃貸を卒業して家を購入するにいたりました。そしてその方々はみな、

 家を買うのって、思ったよりも何でもないですね

このまま住み続けるかはわからないですが、後悔はないです

と言います。そして最近では、

結婚して家族構成が変わったので、買った家を賃貸に出そうかな、と。自分が住みたくて買った家ですし、実際、住み心地はいいので、借り手はすぐに見つかりそうです

という声まで出てきました。

　そうなんです。賃貸はやめて家を買うこと。その際には、リスクを限りなく低くおさえること。
　つまり、立地・価格をしっかり吟味することが、資産形成のたしかな一歩なのです。

　この続きは、「家を買う？　とんでもない！」「そんなの無理！」という先入観ではなく、「本当にいい話ならば、その可能性もアリかも？」というつもりで読んでいただければと思います。

(**女子が家を買うべきタイミング**)

　さて、女性が家を買う、ベストタイミングはいつでしょうか？　はい、端的にいえば、「今」です。
　なるべく早く買ったほうがいい。

そりゃ、老後に一人で賃貸暮らしだと不安だとは思いますが、いずれ結婚するかもしれないし、転勤があるかもしれないし、今はまだ、そのタイミングじゃないと思います

あなたの言う「老後」っていつのことでしょうか？

うーんと、今は定年もまた延長されるって話もあるし、70歳くらい？　まあ、まだまだ先の話ですよね

　そんなのんきな考えではダメです。「老後」は60歳を見据えて、なるべく早く始めてほしい。

え、その頃ならまだ仕事しているかもしれないのに、どういうことですか？

　たしかに世の中では「定年延長」や「定年後再雇用」の人たちも増えて、60歳をすぎても現役という方も増えてきましたよね。でも、賃貸暮らしの場合、60歳をすぎると急に借りにくくなる、というのは実は変わっていません。
　実際、私の知り合いのマンションオーナーは、「60歳をすぎた人には貸しにくい」「複数の人が入居希望で来た場合、60歳以上の人はそれだけでお断りする」と話していました。

　日本賃貸住宅管理協会の調査で、約6割の大家さんは、高齢者の入居に対して拒否感があることがわかっています。また、大家さんの11.9％が、「単身の高齢者（60歳以上）は入居不可」と入居制限をしています（日本経済新聞 電子版　2017年10月16日付）。

　入居制限する理由として、「家賃の支払いに対する不安（57.3％）」

や「居室内での死亡事故に対する不安（18.8％）」が挙げられています。

　要するに、家主としては、

「アパートで倒れられたらどうしよう」

「孤独死で発見が遅れたらどうしよう」

「家賃を払ってもらえなくなったらどうしよう」

　と、ためらう理由がどんどん頭をよぎってしまうのです。

 今60歳以上で賃貸に住んでいる人は？　いますよね？

　もちろん、60歳をすぎても家を借りられる方法はあります。たとえば子どもなどの連帯保証人がいれば、家を貸してもらえる確率は高くなります。

　連帯保証人がいない場合は、保証会社が選択肢となってきますが、この場合が実にシビアです。「独身」「60歳超え」「正社員ではない」など、少しでも「リスク」と思われる条件があると、審査がどんどん厳しくなるわけです。結果として、今と同じ条件の家を借りるために、より多くのお金を払わないといけない、ということもあり得ます。

　どんなところでもよければ、住むところは見つかるでしょう。たとえば、田舎は空き家が増えていますから、選ばなければ、高齢者でも安い賃料で家を借りられる可能性はあります。

　でも、さっきの女子たちの声にあった、

 同じ場所に住み続けるのは飽きちゃいます。引っ越ししたい

　というのは、自分が住みたい場所、住みたい家で、自由に暮らしていたいということですよね。「ここしか借りられないから」という理

由で選びたい方はいないはずです。

 たしかに60歳を超えて、住むところに困るのは避けたいですが、本当に「今」じゃなきゃダメなんですか?

　若いうちは、「ま、どうにかなるだろう」「周りの人もみんな家なんて持っていないし」と考えるかもしれません。でも、年を取ってから、「あれ、どうしよう?」と思っても、時すでに遅しです。
　将来に対する想像力を働かせて、家を探し始めませんか?

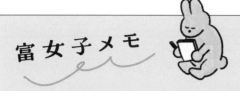

富女子メモ

結婚したい女性必見！
ローンの名義は誰にする？

ここまで読んで、

> わたしは将来結婚するつもりなので、大丈夫です

> 家を買うなら、結婚後に夫婦で考えます

と思った人は、ぜひここを読んでください。

人生の大きな買い物である不動産を取得するときはリスクを限りなく低くして、購入したいですよね。そのためには、「女性は独身時代に、男性は結婚してから」家を買うのがいちばんいい。

その理由は単純で、銀行のローンが組みやすいからです。

日本では、既婚の女性が銀行で住宅ローンの相談をする場合、たとえ夫より妻のほうが収入が高かったとしても、「夫の名義、あるいは夫との共同名義でローンを組む」ことを勧められるケースが多くあります。

もちろんそれを押し切って、女性名義でローンを組むことができないわけではありませんが、担当者に「ワケアリかも」と思われ、ローンの条件がいつの間にか不利になってしまうこともあり得ます。

もともと夫名義のローンを組む予定だったので問題ありませんけど

という方は、重要な点を見落としています。

そもそも住宅ローンは、住むための家を購入するための制度で、借りる側に有利になるように制度が定められています。つまり、「1人1戸まで」「非常に低い金利で組むことができる」制度です。

たとえば、独身時代に都心のマンションを買って、結婚後に夫婦でその家に住んでいたけれども、少し手狭になってきた。都心から離れても、少し広めの家が欲しい。こんなことを考えているとします。
最初の家を夫の名義で購入している場合、2軒目は、住宅ローンが適用されず、金利の高い投資物件扱いのローンを組むことになります。あるいは1軒目のローンを組み替えたり、手放したりしないといけなくなることもあります。

一方で、最初の家を妻名義のローンで組んでいれば、次の家のローンを夫の名義で組むことができます。住まなくなった1軒目は、都内の別宅にするもよし、親類に貸すもよし、将来子どもが「都内に一人暮らしをしたい」という場合の住処（すみか）とするもよし。賃貸に出さなければ住宅ローンのままでなんら問題ありません（すでに住宅ローンを組んでいる家でも、賃貸に出すと住宅ローンが適用されなくなる可能性があります。まずは銀行に相談しましょう。なお、投資用のローンの金利は一般的に、住宅ローンより約1〜2%高くなります）。

つまり、妻名義で1軒目を購入しておくと、目的別に使い分けられる2軒の家を、どちらも低い金利で手に入れやすくなるのです。

最初の家から夫名義でローンを組んでいる場合は、こうした選択肢はそもそもありません。だからこそ、私は女性が独身時代に自分名義でローンを組むことをおすすめしています。

　そうして私が家を買うのを勧めると、「独身女性が家を買うと、結婚できない」という迷信がイヤというほど聞こえてきます。
　でも、これは根も葉もないイメージです。実際、私がアドバイスをして家を買った女子は、その後に結婚される方が多いです。経済観念がしっかりしていることが相手に安心感を与えるからだと思いますが、もしかすると、

 結婚したら、働いて家族の大黒柱にならなきゃというプレッシャーで結婚に踏み切れない

　という草食系男子の肩の荷を下ろしてくれるのかもしれません。
そしてもし、実際に「結婚できないよ」と言ってくる人がいた場合は208ページを読ませましょう。

住宅を買うとついてくるかもしれない 3 大特典

「お金を払った分だけ資産になる」というだけで、十分持ち家にはメリットがあるのですが、それでも「家を買うのは怖い」と思っている方に、まだまだある持ち家のメリットを簡単に説明します。

（　1　住宅ローン控除（住宅ローン減税）　）

住宅ローンを組んだ人は、税金が最大455万円もキャッシュバック（控除）されるお得な制度があります。それが、「住宅ローン控除」「住宅ローン減税」で、正式名称は「住宅借入金等特別控除」です。

この制度では、政府が定めた条件に合う家を購入した場合、毎年末の住宅ローン残高に応じて、その「0.7％」分が、所得税や住民税から控除されます。所得税から引けなかった分は、翌年住民税から控除されます。

購入する住宅の種類によって、あるいは政府が定めた基準をどの程度クリアしているかによって、この制度が適用されるかどうか、また限度額や控除年数（最大13年）が異なります。

もともとは、耐震基準を満たしているか、床面積は一定の広さがあるか、などが主な審査基準でしたが、近年、省エネ性能という観点も追加され始めました。断熱性が高くエネルギー消費をおさえられる家、太陽光などの再生可能エネルギーをつくれる家かどうかも評価対象となっています。

住宅ローン減税の主な条件については、次の表にまとめていますが、

この制度は、たとえば予定していた条件が新型コロナウイルス感染症の影響で満たせなくなってしまった場合の「コロナ特例」などの、特例措置が講じられることもあります。

　該当していそうな方は、ぜひ詳しく調べてみてください。

住宅ローン控除の主な適用条件

● 自分が住む家であること。

● 床面積が50㎡以上[※]。

● 昭和57年（1982年）以後に建築、または現行の耐震基準に適合した住宅であること。

● 合計所得金額が2000万円以下。

● 住宅ローンの借り入れ期間が10年以上。

● 引き渡しまたは、工事完了から6カ月以内に入居。

(国土交通省『住宅ローン減税の概要について〈令和4年度税制改正後〉』より)

※令和5年以前に建築確認を受けたものは40㎡以上に緩和（合計所得金額1000万円以下の者に限る）。

　ここでは、決められた基準で設計・認定をされた住宅である長期優良住宅や低炭素住宅などの「認定住宅」で試算してみましょう。

5000万円の「認定住宅」を住宅ローンで購入したケース

5000万円 (借入限度額[※]) × 0.7% = 35万円 (／年)

35万円 × 13年 (控除適用期間) = 455万円

※令和5年12月31日まで。令和6年1月より限度額が4500万円に変更されます。

最大で455万円の控除になります。

　住宅ローン控除は税額控除ですから、払う税金からそのまま引かれます。所得税が50万円の人であれば、控除額の35万円が引かれるため実際の納税が15万円で済むことになります。

　これは、本当にお得ですよね!!　ただし、所得金額の上限が決まっていて、世帯年収が額面で2000万円を超えた年は、控除されません。

　なお、この制度は、住宅ローンを組んだ年の年度末の確定申告の際に手続きが必要ですが、一度手続きをすれば、あとは年末調整で対応できます。

　これまでお伝えしてきたように、

「支払う税金が減る」＝「収入が増える」

　わけですから、利用しない手はありません。

2　リバースモーゲージ

「老後2000万円問題」、みなさんも覚えていますか?　年金や退職金をあてにしていると、2000万円ほど足りない、と金融庁が発表したことで、騒然となりました。

　その後コロナ禍の影響もあって必要な金額の試算は変わっているようですが、日本の少子高齢社会では、年金だけで豊かに生きていくのは難しい状況です。

　実際、夫婦で65歳からもらえる年金額は月々22万円程度です（40年厚生年金に加入していた場合。国民年金のみ加入の方は夫婦で13万円程度です）。

一方、ゆとりある老後生活費はひと月で平均37万9000円という調査があります（生命保険文化センター「生活保障に関する調査」2022〈令和4〉年度）。厚生年金に加入している場合でも、年金だけでは15万円以上不足する計算です。

　この不足額が85歳までの平均寿命まで続くと、

15万円×12カ月×20年（65歳から85歳まで）＝3600万円

　と、金融庁の試算からは乖離してしまいましたが、生活費は個人差があり、ゆとりの持ち方も人によるので、不足額2000万円はまあまあ妥当な数字だと思います。

　では、65歳までに2000万円を貯金するにはどうしたらいいか？
　毎月5万円を銀行に積み立てたとしても、現在の金利水準なら30年以上かかります。
　コツコツ貯金していくのも悪くはありませんが、もっと手っ取り早い方法があります。それがリバースモーゲージです。

　アメリカでは老後資金として当たり前のように活用されている制度で、最近では日本の銀行も力を入れだして、TVや新聞で見る機会も増えてきました。

❶ 自宅（持ち家）を担保にして銀行から老後資金を借り入れる
❷ 毎月の返済は、利息のみか返済額ゼロにも設定可
❸ ローンを組んだ人が亡くなった場合に、担保だった物件を処分して、完済
　という制度です。

この制度のいいところは、自宅を売却せず、そのまま住み続けられることです。リバースモーゲージなら自宅に住み続けながら、月々の返済はほとんどなく老後資金を借りられ、ゆとりあるセカンドライフをすごせます。

使える物件・使えない物件

リバースモーゲージを検討するにあたっては、注意点があります。

それは、「担保になる自宅に価値があるかどうか」です。ここでの価値とは、銀行にとっての価値です。より資産価値の高い物件のほうが、適用される可能性も高くなりますし、借りられる額も多くなる。

逆にいえば、あなたがどんなにいい物件だと思っても、担保価値がなければ、この制度は使えません。

その点からも、地方の物件より価値が高くつきやすい東京の物件が有利です。また、ほとんどが戸建て住宅への適用ですが、一部、集合住宅にも使える場合があります。

では、「資産価値・担保価値の高い家」とは、具体的にどういう家なのでしょうか？　詳しくは186ページでお話しします。

(**3　住宅ローンの付帯保険（団信）**)

家を買う際のいちばんの特典は、私はズバリ、「住宅ローンの付帯保険（団体信用生命保険・団信）」だと思っています。

住宅ローンの付帯保険は、言い換えれば「住宅ローンを借りることで入れる生命保険」です。この保険に加入しておけば、対象の病気と診断された瞬間に、ローンが「免除」になります。心強いと思いませんか？　しかも、保険料は通常の生命保険と同じくらいか、それよりも安い値段で入れます。

たとえば、三井住友銀行やJAでローンを組んだ方は、死亡した場合、あるいは後遺障害が残った場合と、9大疾病（がん・急性心筋梗塞・脳卒中・高血圧症・糖尿病・慢性膵炎・肝硬変・慢性腎不全・ウイルス肝炎）で医師の診断が下りた場合には、対象の住宅ローン残高が0円となる保険に加入することができます。つまり、自分でローンが払えなくなっても、家と家族が守れる、というわけです。

　どの金融機関でローンを組むかによって、カバーされる疾病やローンの免除の度合いは変わってきますので、契約時には確認が必要ですが、普通の生命保険に比べて、お得だと思いませんか？
　私は基本的には、「貯金があれば保険は不要」派ですが、住宅ローンの付帯保険は別。より条件のいいものを探して、入っておくことをおすすめします。

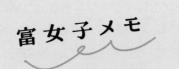

富女子メモ

家を買うのは本当に「お得」?

　家を買うのは本当にお得なのか。それを比較していただくために、家を買うとついてくるかもしれない3大特典も考慮して、「①家賃15万円の賃貸物件に35年住んだ場合」と、「②フルローン（物件の全額をローンで借りること）を組んで5000万円の物件を購入した場合」とで、お金の流れを比べたのが次の表です。①は、団信程度の保障内容の保険に入ることを想定しています。

	❶ 家賃15万円の賃貸物件	❷ 持家 (5000万円の家をフルローンで購入)
家賃	15万円 × 12カ月 × 35年 ＝6300万円	0円
更新料	15万円 × 17回（2年に1回更新）＝255万円	0円
住宅ローンの返済	0円	フラット35　11疾病保障付（0.2%）、35年固定金利（1.8%）プラン 毎月返済額　17万1362円× 12カ月×35年＝7197万円
保険料 (死亡保障)	死亡保障　3000万円 65歳まで※ 毎月保険料 8775円×12カ月×30年 ＝315万円	0円 （住宅ローンの付帯保険に含まれる）

※保険はほとんどが30年満期のため、ここでも30年で計算

保険料 （ガン・ 疾病保障）	入院日額1万円 約5000円×12カ月×35年 ＝210万円	0円 （住宅ローンの付帯保険に含まれる）
住宅 ローン 控除	0円（適用外）	年収800万円 夫・妻・子2人の場合、 10年間で約350万円
住宅 資産	0円	いい物件を選べば35年後 でも8割ぐらいはあり得る。 その場合は4000万円
修繕費・ 固定 資産税	なし	1200万円 （内訳：修繕費10年ごとに200万円、 35年で500万円。固定資産税毎年20万 円、35年で700万円）
かかる お金の 合計	7080万円 手元に残るものはなし ＊65歳以降も家賃は発生。毎年180万 円、2年に1回さらに15万円かかる。	8047万円 手元には「家（この場合の 資産価値は4000万円）」 が残る ＊65歳以降、家賃に該当するような費 用は発生しない。

　このシミュレーションでは、家を買ったほうが、かかるお金は多くなりました。しかし、家の資産価値、そして65歳以降も住み続けられる家があることを考えると、私は、②のほうがお得だし豊かだと思うのです。みなさんはどう思われますか？

「今、自分が欲しい家」より
「未来で誰かが欲しくなる家」を買う

> 家を買ったほうがお得かも……と思っていたら、ちょうど近所の不動産屋さんに、こんな物件情報が貼ってありました。駅から徒歩15分なのはちょっと遠いけど、世田谷の閑静な住宅街の中にあって新築、1K、30平米、4000万円！ 今の職場にも通いやすいし、まさにぴったりかなと思ったのですが、どうでしょう？

　家を買ってみてもいいかも、と思ってくれたのは前進ですが、それはダメ！ あなた向けの家ではありません！

　家は不動産である以上、「どこにどんな家を買うか」が最も重要です。そこでここからは、具体的にどこにどんな家を買えばいいのかをお伝えします。相談にきた女子たちが、単身者用のマンションで1R〜2LDKを購入するときに、実際にアドバイスしている内容です。

　まず、先ほどの女子をはじめ、みなさんがよくやってしまう「間違った家選び」から話します。

　それは、「今」の自分のライフスタイルで家を選んでしまうことです。

　繰り返しになりますが、大前提として、家は不動産です。何があっても、「動かない」資産です。

　一方、ライフスタイルは、将来、いろいろな事情で自分の意志にかかわらず変化します。たとえば、転職・倒産・リストラ等で職場が変わったり、結婚・離婚したり、家族の人数が増えたり減ったり……。

　私が家選びをお手伝いした女子たちも、ほとんどが購入時点から、転職、結婚、出産等でライフスタイルが変化しています。

ですので、人生の変動要因を加味せずに、「今」の自分のライフスタイルで家を選ぶのは極めて危険です。もし、「今」の自分のライフスタイルに合わせて家を購入すると、

 勤務先が変わって、家と職場の距離がめちゃめちゃ遠くなった

 独身でいるつもりが結婚することになった。一緒に住み始めたら、狭いだけじゃなく、とにかく2人だと住みにくい家だった

 離婚をしたいが、家のローン問題で離婚がスムーズにできない

 テレワークになって、昼間家にいると、音が気になる

などの問題が後々起こりやすくなります。そしていざ、そういう事態になり「家を売らなければ」となっても、そこは「あなたの今のライフスタイル基準の家」。
「売ろう」「貸そう」と思っても、立地や間取りの関係でなかなかできない可能性があるのです。

こうしたリスク回避のためにも不動産購入時に守るべきポイントが2つあります。

> **不動産購入時のポイント**
>
> **ルール1** 購入した金額より、金額が下がらない家を買う。
>
> **ルール2** 賃貸に出したときに、支払っているローンよりも
> 家賃が上回る家を買う。

ルール1　購入した金額より、金額が下がらない家を買う

　家に限らずほとんどのものは、「買った瞬間、値段が下がる」ようにできています。

　たとえば最新のスマートフォンを買ったとします。そのまま開封しなくても、買い取り価格はどんなに高くても1〜2割は安くなります。そう、「誰かが所有した」瞬間、価値が下がるものはとても多いのです。

「新築物件」も同じです。

　新築の物件を購入して、住むことなくそのまままた売りに出したとします。するとやっぱり、ほとんどの物件は1〜2割近くは価格が下落する（希少性の高い立地の不動産は別。新築で購入しても価値が上がる物件もあります）。

　さらに、新築の不動産の価格には、ゼネコン・販売会社の手数料が必ず上乗せされています。

　一方、中古不動産は、木造でもない限り、極端に価格が下がることはあまりありません。

　ちなみに、不動産の売買には、仲介業者に払う手数料、融資の手数料、契約にともなう印紙代などの高額の経費（物件価格の7〜8％程度

が一般的）がかかります。ですから、「買ったときと同じ価格で売れる家」では、実は損。

　買ったときよりも安くしか売れない物件では、大幅な損失になり、結果として、住宅ローンで購入した家を売却しても、ローンだけが残るという最悪の事態になる可能性もあります。

　というわけで、「新築物件は買ってはいけない（ごくひと握りの希少物件は除く）」が、家選びのルール1です。その理由は、いざ売りたいときに価格（これを「リセールバリュー」といいます）が下がってしまうから。

　ごくひと握りの希少物件を見分ける実力と経験のない方は、新築か、中古か、どちらかでいえば、中古がおすすめです。

ルール2　賃貸に出したときに、支払っているローンよりも家賃が上回る家を買う

　マイホームを購入してから、不測の事態で収入が下がり、ローンが支払えない状況になる可能性は誰しもあります。

　その際、「家を売る」前に考えてほしいのが、買った家を一時的に人に貸して自分たちはぐっと安い家賃の家に暮らしたり、実家にしばらく住まわせてもらう、という選択です。

　つまり、買った家を賃貸に出すそのときに、

支払っているローンの金額　＜　家賃として得る金額

となる家を選ぶこと。これが2つめのルールです。

多くの人は不動産の購入を「自分が住むための家を買うこと」と考えてしまいがちですが、お伝えしてきたように、私は本来、不動産は資産形成の1つだと思っています。資産形成という言葉を聞くと、貯金・株・投資信託・金投資等を想像しますが、「持っている家を人に貸す」も立派な資産形成の手段。

しかも、不動産価格は株や債券などと比べても長らく安定していますし、5年後、10年後の家賃もよほどの天災や経済変化が起きなければ、変動しません（実際、いま賃貸に住んでいる方は、コロナ禍で家賃が変わりましたか？）。

その意味で、投資を仕事にしていない女性であれば、不動産投資（マイホーム購入）は、実は最も着実で効果的な資産形成なのです。

というわけで、「家を買うのはリスクだ」と思っている方こそ、「賃貸に出したときに、ローン支払い額より高く貸せる家」を選ぶことが大切です。

資産価値が変わりにくい「いい家」とは

では、「購入した金額より、価格が下がらない家」「賃貸に出したときに、支払っているローンよりも家賃が上回る家」とはどのような物件か。ここでは3つのポイントをお話しします。

> **ポイント1**
> ## 東京5区の駅近物件

1つめのポイントは、立地です。

東京都の港区・中央区・千代田・渋谷区・新宿区の5区で、駅から徒歩5分以内がベストです（駅自体は、どの路線でもOKです）。

なぜこの5区か、というと、それは過去の地価を見れば明らかです。みなさんご存じの通り、今、日本は人口が減り始めています。つまり、これから先は、家が余っていく時代がやってくるということ。

不動産がリスクとなるのは、そんな人口が減っている地域や、これから減るであろう地域で買う場合です。

一方、先ほどの5区は、再開発が進み、今後も東京の中でも有数の人気エリアであり続けるでしょう。特に、渋谷駅や新宿駅を通る路線はいいですね。理由は、地方から出てきた人は、だいたい「渋谷」か「新宿」に出てきて家を探すためです。

渋谷駅や新宿駅を通る路線沿いなら、将来、売ったり貸したりしやすい、また価値も大幅に変わらない可能性が高いということです。

品川区とか杉並区とかはどうですか？　中野区も、最近人気と聞きますが

　はい、当然の疑問ですよね。先ほどの5区以外でも、今後も人気（＝地価が下がらない）が続きそうなところは、検討していいと思います。実際、私が購入をサポートした女性たちは、品川区だったり目黒区だったり、それぞれの便のいいところに物件を見つけていました。

　ただし、先ほどの5区以外の立地は、大きな駅の近くはいいかもしれませんが、それ以外ではすでに地価が下がり始めているところ、高齢化が深刻な地域も多くあります。5区以外から選ぶ際には、より入念に検討することをおすすめします。

 　東京以外はどうですか？　大阪在住なんですけど……

　東京以外については、ターミナル駅の近く、たとえば横浜・名古屋・京都・大阪・博多のような大都市ならば、駅近物件は考えてもいいと思います。それ以外の地域なら県庁所在地や大きなターミナル駅の駅近となりますが、

> **東京　＜　それ以外の大都市　＜　地方都市**

という具合に、物件の価格低下のリスクは上がります。

　ですから、リスクがより高いエリアを選ぶ場合には、「将来的にその街がどうなるかを予想して検討」していただきたいと思います。

　たとえば、名古屋であれば、リニア中央新幹線の計画が進んでいて、今後ますます便利になることが予想されます。

　また、2023年4月には大阪のIR（カジノを含む統合型リゾート）計画を国が認定しましたから、この周辺はすでに、新たな価値が生まれ始めているはずです。

こうした、今後、街としての魅力がさらに上がっていきそうなところは購入を検討してOK。

それ以外は賃貸を選んだほうがまず正解だと思います。

住みたい地域があって、どこにしたらいいのか迷ったら、たとえば、都市計画を確認してから、価値が上がりそうな場所を探してみてはどうでしょうか。

自治体の役所に問い合わせれば、計画について教えてくれます。場所によっては、都市計画の模型が役所内に置かれていることもあるので、役所には一度行ってみるといいと思います。

もちろん、都市計画は変わることもありますから、100％価値が上がるとは限りません。それでも、調べる意味はあります。

家は何千万円が普通という超高額の買い物。ぜひ、単なるイメージだけではなく、「資産価値」としての側面、「将来的に価値が上がりそうかどうか」という視点を持って選んでください。

 駅から徒歩5分は狭すぎませんか？　もう少し探せるエリアを広げたいのですが

そうですね、「駅近」は、実際に歩いてみて駅から5分以内が理想だと私は思っています。

なぜなら、不動産の広告等で「駅から徒歩○○分」との表示がありますが、実際に歩くと表示とは2分くらいの相違があるからです。つまり、5分と書いてあれば、実際は7分程度かかるということ。

8分以内なら駅近物件といえますが、より付加価値を考えるなら5分以内がベストでしょう。

駅からの距離は、不動産の価格に直結します。妥協してはいけないポイントです。

管 理 の い い マ ン シ ョ ン

　ポイントの2つめは、「管理のいいマンション」を選ぶこと。20代、30代で都心の駅近物件を買おうとすると、現実的には、どうしても「中古マンション」になります。

　しかも、自分の年齢と同じくらいか、それより古いマンションを検討しなければいけないでしょう。

　だからこそ必ずチェックすべきは「管理」です。

　きちんと管理されているマンションであれば、築30年でもきれいだし、管理が行き届いていない場合は、築15年でもボロボロだったりします。今の段階で管理が悪く、ボロボロであれば、行く末が案じられますね。

　管理がしっかりしているかどうかをきちんと見極めるポイントは次の3つです。

❶ エントランスやエレベーターなど共用部分がきれいかどうか。
❷ 修繕計画があるか。
❸ 管理費・修繕積立金がちゃんと集められているか。

　管理費は世帯数が多いほど安くなります。もし、同じ価格のマンションで迷ったら、管理費が安くおさえられる世帯数の多いほうを選びましょう。

　購入する部屋のタイプにもよりますが、50戸ある築年数の経ったマンションであれば、だいたい管理費は1万円くらいではないでしょうか。

自分が買える最高価格のマンション

　立地と駅からの距離、管理以外に見るべきは、「価格」です。高すぎる家はローンが組めません。

　価格はみなさんの資産状況や年収によって払える範囲が変わってくるので一概にはいえませんが、独身時代に買うのであれば、2000万〜3000万円台のマンションがいいと思います。

　理由は「住宅ローン」です。

　まず住宅ローンが借りやすいのは、年収の5〜6倍だといわれています。年収300万円なら1800万円くらい、年収400万円なら2400万円くらい、というわけです。

　さらに、床面積がだいたい40㎡以上じゃないと、住宅ローンは組めません。狭すぎるワンルームマンションではダメ、ということです。40㎡以上の中古マンションだと、最低でも2000万円くらいでしょう。

　こうした理由から、私が直接指導している女子たちは、3000万円台の物件を購入して、35年ローンで組んでいます。

　ちなみに、独身女性のローン事情ですが、ある程度の年収があり、正規雇用であれば、銀行はたいていフルローン（物件価格の全額をローンでまかなうこと）で貸してくれます。

　しかし、年収が低い場合や非正規雇用の場合、ローンの審査が通らないこともあります。その際、もし金融機関から、「頭金（ローンを組む際に、その一部を最初にまとめて支払うお金）を払ってほしい」と条件を出された場合に限っては、最小限の頭金を入れましょう。

　また、不動産売買の手数料などの経費（物件価格の7〜8％程度が一般的）は、銀行で貸してくれないケースが多いので、現金で用意しておきましょう。

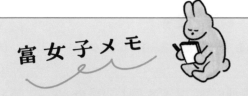

富女子メモ

「できるだけ安い家」を探してはいけない

同じエリア、広さもほぼ同じで、その他の条件もほぼ同じなのに、販売価格が1500万円も違う2つの物件を見つけました！ 当然、安いほうを買うのがお得ですよね、先生?

　購入者の心理としては、「より安く買いたい」と思うかもしれませんが、私はその物件を買うのは反対です。

え、なんでですか? あ、よく見たら、この安いほうの物件、先月値下げしたみたいです！ 他の人に買われちゃう前に、買ったほうがいいと思うんですけど……

　ちょっと売り手の気持ちになってみてください。いい不動産はあまり値下げをしない、と思いませんか? 本当は高く売りたいんだけど、何らかの理由があって高値で売れない。そんな背景がありそうな物件かもしれませんよ。

　それに、最初の価格よりも、大幅に値を下げる物件は、何か問題があったり、最初の値段の設定がおかしい場合が多いです。
　不動産価格は、もともと高額の不動産はより高くなり、もともと安い不動産はより安くなる傾向が強いです。「安物買いの銭失い」が不動産でよくあるということは、ぜひ覚えておいてください。

「すごく古い! 汚い!
これって買ってもいい物件?」

先生から教えていただいた条件で物件を探しましたが、そもそも全然見つかりません! やっとあったと思ったら、すごく古くて汚くて……なんなんですか! もう!

はい、そうでしょう。おすすめした5区(港区・中央区・千代田区・渋谷区・新宿区)は、そもそも物件が希少だから価値があります。

さらに、駅からの距離と価格を考慮すれば、築浅はおろか、築50年までさかのぼっても、なかなか見つからないかもしれません。

築年数は、どのくらい古いところまで許容できますか?

うーん、そうですね。理想をいえば20年なのですが、正直なところ、築年数はそんなに考えなくてもいいと思っています。築年数が古くても、よく管理されていて、きれいな物件はざらにありますし、鉄筋コンクリート造りのマンションであれば、多少古くても普通に暮らすうえでは問題はないからです。

178ページで紹介した「住宅ローン控除」をなんとしても利用したい方は、その条件内に収まるように留意しなければいけませんが、そうでない方は、築年数に関しては少しおおらかに探してみてはいかがでしょうか。

住宅ローン控除を利用しなかったとしても、資産として家を持っておく価値はかなり大きいと思います。

　ちなみに、和室などの間取りが気に入らなかったり、内装が古くて汚い場合には、フルリノベーションをするのがおすすめです。

　私が購入をサポートした方も、購入と同時にフルリノベーションを手配して、思い通りの間取りと新築同様の内装にしていました。私も投資用に物件を購入することがありますが、その場合には安く買って、内装をきれいにつくり直すだけで、そこそこの家賃で賃貸に出すことができます。

　誰が見ても住みたいような、すてきな家は、そもそも価格が高いか、売りに出されてもすぐに買い手が見つかってしまって、なかなか手に入りません。

　そのような数少ない物件を探すより、購入後にリノベーションをするつもりで、骨組みがしっかりしている家を探すといいと思います。

物件購入シミュレーション

多くの方は、不動産賃貸契約はしたことがあっても、不動産売買契約をしたことはないと思います。

そこでこの項目の最後に、シミュレーション的に「家を買うとはどういうことか」「家を買ったあとには、どんなことが生じるのか」をたどっておきます。

はじめてのことでも、次の展開が見えていれば、少し安心できますよね。ぜひ、参考にしてみてください。

ちなみに、物件探しから購入までのステップは、不動産コンサルタント業をしている人に入ってもらうことで、みなさんの手間や負担を軽減することができます。

不動産コンサルタントは、物件価格の〇％という形の成功報酬での支払いとなるケースが多いようなので、状況に合わせて依頼するとよいでしょう。

いい物件を購入するまで

1 不動産検索 ➡ 問い合わせ ➡ 内見（賃貸と同じ）

「物件を探そう」。そう思ったら今は、インターネットが便利です。好きな不動産検索サイトで、「立地」「駅からの距離」「価格」で調べましょう（メジャーな検索サイトであれば、だいたい同じような物件が見つかるので、使いやすいサイトを利用すればいいと思います）。

条件に当てはまりそうな物件が見つかったら、検索サイトから問い合わせをして、次は内見です。ここまでは、賃貸物件探しと同じです

が、次の内見からは要注意。

　内見の際に見るべきポイントは次の7つです。

内 見 の 7 ポ イ ン ト

❶ 駅からの距離 …… 実際に歩いてみる。昼だけでなくて夜も歩く。

❷ 周りの環境 …… 生活しやすい環境かどうか、近くにスーパー・コンビニ・ドラッグストアがあるかどうか。

❸ 共用部の状況 …… マンションが適切に管理されているかを確認。

❹ 日当たり …… 日当たりのいい部屋は貸しやすく、資産価値も高い。

❺ 音 …… マンションに住んでいちばん問題になるのは音。生活音や周辺の音、騒音などはないか。

❻ 管理組合の運営状況 …… 不動産会社を通じて管理費や修繕積立金の運用をチェックする。

❼ ハザードマップ …… 自然災害に備えチェックする。

　基本的に、内見するときのポイントは「自分で変えられないところ」です。部屋の設備等は自分でリフォームしたり、購入後でも何とかなりますが、上記のポイントは自分の力の及ばない点なので、ここを重点的にチェックしてください。

永田先生！ さっそく内見に行ってきたんですけど、不動産業者の方から「ここは人気物件だから、早めに決めたほうがいい。すぐに手付金を払ってください」と言われました。これ、払っちゃっていいんでしょうか？ よさそうな物件ではあるんですけど……

　手付金を払ったら買うことになります。そのあとにもっといい物件が見つかったりしてキャンセルしたら、手付金は戻ってきません。

　払うかどうか、迷っているっていうのは、圧倒的に見た件数が足りないからだと思います。

 ちなみにこれまで、何件見たの？

 今回で、2件目です

　でしょう。であれば、次を見ることです。

　私は、不動産の購入に関しては、少なくとも本を3冊読んで、物件は10件以上見ないといけないと思っています。いえ、それでもまだ足りません。

　本音としては、1カ月くらい有給を取って、不動産の購入だけに時間を使うべきです。それくらい不動産購入については、慎重にかつ真剣に考える必要がある。

　それなのに多くの人は、不動産を購入するのに週末にマンションギャラリーに行って、そこの営業担当の話を聞いて決めたり、ネットで検索して条件に合う物件を数件見るだけで決めたりしています。

　仮に他の物件を見ているうちにその物件の買い手が決まってしまったならば、「いい物件は早く売れてしまう」という勉強になった、と思えばいい。「この次に出てきたときは、絶対に逃さない」と思って

1000万円貯めた女子がやったことリスト　4位

201

おけばいいのです。

　たった1件のいい物件を買い逃すことを恐れるよりも、たくさんあるよくない物件をうっかり買ってしまわないように備えましょう。

　物件選びを間違えると、人生にも大きな影響を与えます。

　家に対する支出は、一生に稼ぐ金額の、多い人で半分、少ない人でも1/4です。この人生で最も高い買い物を、多くの人は不動産の知識もないまま、「ここしかないかも！」と購入してしまいます。

　その結果として、住宅ローンに苦しんだり、老後に不安を抱えて生きることになる。家を買って結果として不幸になるのだけは、絶対に避けなければいけません。

2　申し込み　➡　重要事項の説明を受ける　➡　売買契約

　さて、10件以上内見をして、入念にチェックして「ここだ！」と決めたなら、購入の申し込みをします。

　すると、不動産会社の宅地建物取引士から、購入物件についての重要情報の説明があります。物件価値に関わる説明がある場合もありますので、しっかり聞いてください。

　その内容に納得できたら、売買契約を結ぶことになります。契約内容もしっかりと確認することが必要です。

　なお、このときに手付金として、通常は物件価格の5〜20％程度を払うことになります。

3　住宅ローンを組む

　続いて、金融機関でローンを契約する必要があります。

　このとき、不動産の営業担当・銀行員に言われるままに契約してしまう方が本当に多い。それはご法度です。

　住宅ローンも、各金融機関によって条件が異なりますし、金融機関の提案が正しいわけでもありません。

たとえば、金利の種類や住宅ローンを組む際に加入する団体信用生命保険の加入の仕方等は、当事者にある程度の知識がないと選べないはず。

　自己防衛のためにも不動産に関する、ある程度の知識は身につけておきましょう。

「金利」についての基礎知識

	特徴	メリット	デメリット
変動金利	借入期間中、一定のタイミングで適用される金利（適用金利）が見直され、変動する仕組み。ただし、適用金利が変動しても、月々の返済額は5年間変わらないことが多い。	金利が低くおさえられているケースが多く、その場合は返済額をおさえられる。	金利が上がると、当初の見込みよりも月々の返済額・総返済額とも増える可能性がある。
固定金利（全期間）	借入時に決めた金利で、最初から最後まで返済していく仕組み。	返済額が一定のため、計画を立てやすい。	金利が高めになっているケースが多い。購入時以外は組めない。また、借り換えしづらい。
固定金利（期間選択）	3年・5年・10年など、限られた期間は金利が固定され、その後は変動金利になる仕組み。固定期間の後に変動金利や期間選択の固定金利を選べる。	金利が固定されている間は返済額が一定。	金利が高めになっているケースが多い。固定期間終了後に適用金利が上がっていた場合は返済額が増える可能性がある。

「返済方式」についての基礎知識

	特徴	メリット	デメリット
元利均等返済	毎月の返済額が一定。	返済額が一定なので、計画を立てやすい。元金均等より返済開始時の返済額をおさえられる。	同じ借入期間の場合、元金均等より返済総額が大きくなる。借入残高の減り方が遅い。
元金均等返済	毎月の返済額のうち、元金の額が一定。	返済額は、返済が進むにつれて少なくなる。同じ借入期間の場合、元利均等より返済総額が少なくなる。	返済開始時の返済額が最も多くなるので、最初の負担が重い。

　なお、ローンは申し込んだあと、審査があり、融資が承認される必要があります。

4　不動産登記　➡　物件引き渡し（引っ越し）

　ローンが無事に組めたら、不動産の登記手続きが行われ、物件が引き渡されます。これで晴れて、不動産の購入が完了です！

（　購 入 後 に 必 要 な 「 税 金 」 の 手 続 き　）

　不動産のような大きな買い物のあと、考慮しなければいけないのは「税金」です。ここでは、家を買ったあとのことについてお話しします。

❶ 住宅ローン控除のために確定申告を行う

　条件を満たす物件を、住宅ローンを使って購入した場合には、税負担を軽減するために、住宅ローン控除の制度が設けられています。

　マイホームを購入した翌年には、確定申告を行いましょう。詳しく

は243ページ参照。

❷ **不動産取得税を払う**

不動産取得税は、不動産を購入後に一度だけ払う税金です。

不動産登記が終わって、引き渡しが終わったあと、4〜6カ月後に、「不動産取得税」の納税通知書が届きます。納税通知書が届いたら、その月内に払います。

納税額は、中古マンションの場合、何年に建てられた住宅であるかによって、控除額が変わります。納税額の計算の仕方は次の通りです。

不 動 産 取 得 税 の 計 算 方 法

(建物の固定資産税評価額−築年次ごとに定められた控除額)
×3％

固定資産税評価額は、購入時に売主から引き渡される固定資産税課税明細書で確認できます。また、不動産を管轄する市役所などでも固定資産税評価証明書を取得できます。

控除額は、都道府県の税務署のホームページで確認しましょう。東京都であれば、「東京都主税局」です。

❸ 固定資産税を払う

　固定資産税は、毎年1月1日時点で建物や土地などを所有する人に課せられる税金です。マンションを資産として持っている限りは、「建物」「土地」それぞれの固定資産税を毎年払います。

　固定資産税は、各自治体が課税徴収し、税額は次のように決まります。

> **土 地 の 税 額 の 計 算 方 法**
> ①「固定資産税評価額」× ② 標準税率1.4％ × ③ 1/6※

　①の土地の「固定資産税評価額」は、国土交通省が定めた「地価公示価格」の70％をメドに計算されます。

　②の標準税率は住んでいる市町村によって変わることもあります。

※③200㎡までの部分については、住宅用地の特例が適応されて、軽減措置が取られるため、1/6を乗じます。

> **建 物 の 税 額 の 計 算 方 法**
> ①「固定資産税評価額」× ② 標準税率1.4％ × ③ 経年原価補
> 正率

　①の建物の「固定資産税評価額」は、建物を再建築したときの価格の50〜70％程度に設定されます。

　③建物部分は、経年劣化があるため、一般的には毎年固定資産税は下がっていくことから補正をする必要があります。この補正率は市区町村の法務局等で調べることができます。

築15年の東京都の中古マンション
（土地の固定資産税評価額2000万円、
建物の固定資産税評価額1000万円の場合）の例

○ 土地税額：2000万円×1.4％×1/6＝4万6600円
○ 建物税額：1000万円×1.4％×0.6225※＝8万7150円
○ 固定資産税納税額 ＝ 土地税＋建物税＝13万3750円
※東京法務局のホームページ掲載の「経年減価補正率表」より

　自分で計算しなくても、毎年5月頃に納税通知書が届いて、4回に分けて支払うことになります。また、一括での納付もできます。

　なお、1年の途中で売買をして所有者が変わる場合は、固定資産税は1月1日時点の持ち主（つまり売主）に支払いが求められます。売主・買主間で1年間の所有期間に応じて案分（割り振り）し固定資産税を精算しましょう。

未来のために持ち家派を決心したら、「今」買おう

Part
2

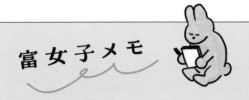

「家を買う」ときに女子が
言われやすい「呪いの言葉」

　さて、多くの女性が家を買おうとすると、なぜか言われる「言葉」があります。それらはなぜか、「女性が家を買うなんてとんでもない」というネガティブなニュアンスなんですよね。

　そんな言葉に負けないように、ここではそれらの言葉への私の見解をまとめておきます。

　自分自身の気持ちの整理のために読むもよし、買おうとしたときに言われた際に答える言葉としても活用していただければと思います。

呪いの言葉 ❶
「住宅ローンなんて、
女性が組めるわけないよ」

　正規雇用で「買う家の1割弱の諸経費」＋「思い切り」さえあれば、今の時代、多くの方がローンを組むことができることは、もうおわかりですね。さあ、今すぐ行動に移しましょう！

呪いの言葉 ❷
「独身の女性なのに、
アパートやマンションを買うのは変」

　変かどうかを決めるのは、自分です。ちなみに、20年前の常識に照らし合わせると、結婚前の働く女性が何年も一人暮らしで賃貸物件に住むのも変でしたし、30歳をすぎても結婚しない女性も変と見られていました。「変」という基準は、時代とともに変化していくものなのです。
　「変だから」というのは行動しない理由になりません。

呪いの言葉 ❸
「家を買っちゃうと、一生同じところに
住み続けなきゃいけないし、
つまらないんじゃない？」

　物件を持っていても、そこに住み続けなければいけないわけではありません。
　多少手続きは必要ですが、人に貸すこともできますし、セカンドハウスとして持ち続けることもできます。「家を買う＝一生自分がそこに住む」というのは、思い込みにすぎません。実際に買ってみると、活用の幅がいろいろあることに気づくはずですよ。

　さらにいえば、時間が経っても価値の下がらない家を上手に購入できれば、たとえば10年住んだあと、「購入価格」か「もう少し高

い金額」で売却することだってできます。
　私は15年くらい前に新宿でアパートを1棟、当時1億2000万円で買いましたが、この物件を今売ると、2億4000万円になるそうですよ。
　いい物件を選べれば、資産価値は上がっていくのです。

呪いの言葉❹

「もし病気になったりして住宅ローンを
返せなくなったらどうするのよ」

　182ページでお話しした住宅ローンの付帯保険（団信）に加入することで、この心配からは解放されます。
　みなさんに心配してほしいのは、むしろ、賃貸物件に住んでいて病気やケガで働けなくなった場合です。家賃を払えなければ出ていくしかありませんし、住む家がなくなってしまうことになりますよね。

　さらにいえば、単身のまま生涯をすごす方も増えていると聞きます。そうしたときにこそ、持ち家は貴重な存在になります。理由は、「年金受給の単身の人に貸してくれる賃貸物件は限られているから」でしたね。
　実は家をローンで買うのは、病気やケガ、将来への備えにもなるのです。

「日本は人口が減っているし、天災も多いので、不動産を持つのはリスクじゃない?」

　人口減少でも価値の下がらない家を買うことが第一です。

　天災に関してはどうしようもありませんが、天災で家が全壊・半壊した場合には、政府の補助(公的支援)が下りることが多くあります。たとえば、

●住宅の被害程度に応じて支払われる「基礎支援金」
全壊 …… 100万円
大規模半壊 …… 50万円

●再建方法に応じて支給される「加算支援金」
建築・購入 …… 200万円
補修 …… 100万円
賃借 …… 50万円
※単身世帯は金額がそれぞれ3/4

　他にも、被災した住宅の居室、台所、トイレ等日常生活に必要な最小限度の部分を応急的に修理する費用は、一定の条件のもと、一世帯あたり、57万4000円(限度額)まで支払われます(「内閣府 防災情報のページ」より)。

　しかし、公的な支援は限りがあります。災害が心配なら、自分で地震保険や火災保険などに加入しておきましょう。

　ただし、古すぎる物件の場合、地震保険に入れないケースもありますので、購入するときに不動産会社に確認してください。

　厳選して購入した都市部の鉄筋コンクリート造りの住居がダメになるくらいの災害とすれば、おそらくその都市は壊滅でしょう……。
　結局、ほぼ確実に来る「将来住むところがなくなるリスク」に備えて家を買うのか、いつ来るかわからない「自然災害リスク」に備えてずっと賃貸で暮らすのか、どちらのリスクを優先するかです。
　私だったら、前者のリスクのほうが、優先度は高いと考えます。

呪いの言葉❻

「家なんか買っちゃって、
結婚しないつもり?」

　単身女性が家を買おうとすると、いちばん反対するのは「家族」、特に親御さんなどの身近な人です。実際に、私がアドバイスをして家を買った女性は、

> 具体的に決めていない段階で親に相談しても、否定的な反応をされる気がしたので、物件を決めてから「ここを買うつもり」と連絡することにしました。そうしたら、家を買うこと自体は否定されなかったものの、「そんなに高い物件を買うの?」と言われてしまいました。それで少し気持ちはしぼみましたが、買おうと決めていたので、決意は揺らがずに買うことができました。購入して1年以上経ちますが、今のところ後悔はありません

と言っていました。
　まあ、彼女の場合は家を買って半年で、電撃婚をして、さらに親御さんがびっくりしたそうですが。

　家を買うかどうかは、人に言われたから決めることでも、やめることでもありません。買うほうがいいか、買わないほうがいいかを自分でちゃんと考えて、行動すること。
　自分で選択して決めるからこそ、買う喜びも味わえるのです。

1000万円貯めた女子が

やったこと
list リスト

5 位

「副業」を始める

女子の意見

● 自分の仕事で精いっぱいだったけど、会社が副業を解禁してから、土日だけ趣味でライターの仕事を始めた。収入もスキルもどちらも得られるのは大きいと感じる

● インスタ投稿の副業を始めたら、いつの間にか本業よりも稼ぎが多くなった。自分の自信にもつながるし、本業をやめてもいいという心の余裕にもつながった

副業は人生最大のリスクヘッジ

「お金を増やす」とひと言でいっても、大きく2つの方向性があります。「使うお金を減らすこと」と「手に入れるお金を増やすこと」です。

　私は女性たちに、「収入源を増やしなさい」という話をよくします。この理由は単純です。

　使うお金を減らすのには限界があって、どんなに減らしても収入以上にはなりません。一方で、手に入れるお金を増やすほうは、天井はないからです。

でも、お給料は全然増えないし、収入も増えません

そうですね。月収20万円が、急に40万円に増えるのは無理な話です。

　でも、ちょっと待ってください。私が言ったのは、「収入、もしくは収入源を増やせ」ということです。けっして給料の額の話ではありません。

え？　会社員の収入は、給料ですよね？

　いえいえ、違うんです。

　ここでは、そんな勘違いをしている方のために、「所得とは何か」というところからお話ししていきましょう。

　収入は、税法上でいうと「所得」といって次の10種類があります。

> **10種類の所得**
>
> **利子所得** …… 貯金していると入ってくる利子のこと。
>
> **配当所得** …… 株の配当など、投資信託の儲けのこと。
>
> **不動産所得** …… 賃貸マンションの賃料。
>
> **事業所得** …… ものを売って得た儲けのこと。
> たとえば、自作アクセサリーのネット販売で得た儲けのこと。
>
> **給与所得** …… 給料や賞与のこと。これはおなじみですね。
>
> **退職所得** …… 退職金。
>
> **山林所得** …… 持っている山の木を売って得た儲け。
>
> **譲渡所得** …… 持っていた不動産や、株などを売って得た儲け。
>
> **一時所得** …… クイズの懸賞金や満期保険金など。
>
> **雑所得** …… 公的年金や原稿料、印税、講演料など。他の所得
> に属さないもの。

　だいたいみなさんは、「給料でしか稼げない」「収入源は1つしかない」と思い込んでいるでしょう。でも、今挙げた10個すべてが、あなたの収入源になり得ます。

まずは収入源を3つにする

　お金持ちになりたいなら、まずは「収入源を3個に増やす」ことを目標にしましょう。たとえば、「給与所得」「利子所得」「雑所得」のようにする、ということです。**収入源を3つに増やすのは、豊かさへの王道です。**

　増える金額自体は少額でいいでしょう。額にこだわっているといつ

までも動き出せません。

「収入源といえば給料しかない」。その思い込みをまずは突破してほしい。

　だから、額にこだわらず、給料以外の収入を持ってください。

　なぜ収入源を増やすことが大切か。ここには2つの理由があります。
❶ **本当の意味で自立した、自由な人生を歩む。**
❷ **「お金を使う」と「お金を増やす」のバランスを取る。**

　まず❶から。多くの方は、社会人になって働いて、お給料で生活していますね。親元を離れて、あるいは同居しているとしても、経済的には親から自立していますよね。

　でも、私から見ると、ほとんどの方は本当の意味では自立しているとは思えません。

　なぜなら、ほとんどの方が「会社」に依存しているように見えるからです。

　その会社が倒産したり、何らかの理由であなたが辞めなければいけなくなったら、途端に生活が立ち行かなくなる。

　あるいは、職場環境が急にブラックになったり、配属された部署の上司と気が合わなくて働いていることがツラくなったとしても、多くの人は、その会社に居続けることを選ぶ。なぜなら、「ここしか働ける場所がない」と思っているから。

　これが、会社に依存しているということです。

　私のところにアドバイスを求めに来る女性たちにも、こういう考え方の方は大勢います。

　でも、一人ひとり、じっくり話を聞いていると、みなさん個性があり、考え方があり、やりたいことがある。それなのに、「この会社し

かない」と思い込んで、ガマンしている。

　これでは、社会人として「自立している」とは、いえません。親からも、会社からも、自立する。会社も生き方も自由に選ぶ。それこそが真の「自立」です。そのために収入源を増やすのです。お金を稼ぐために、やりたいことをガマンして、嫌いな人の言うことを聞く必要はありません。

　収入源を増やすべき理由の❷は、「お金を使う」と「お金を増やす」のバランスを取るため、です。

　みなさんは、今、「お金が自分のところに入ってくる日」は月に何日ありますか。

　きっと多くの方が、「給料日のみ、1日」だと思います。しかし、お金を使う日は何日ありますか？　きっと「ほぼ毎日」でしょうね。
　お金が入ってくるのは、年に2度のボーナスの日を入れたとしても年間でたった14日、使う日は365日。それでお金が貯まると思いますか？
　貯まったとしても、ものすごく大変、というのは想像できると思います。実は、**所得の数を増やすのが、お金持ちになるいちばんの近道**なのです。

　「1つの会社に勤めたほうが偉い」「副業したらダメ」という風潮があります。でも、周りを見回してみてください。
　お金持ちほど、いろいろな事業をしていると思いませんか？　会社の経営者でも、たった1つの事業だけではなくて、いくつかの事業を掛け持ちしていませんか？
　たった1つのことを頑張っているだけでお金持ちになれるのは、ス

ポーツ選手や芸術家など、本当にひと握りの人だけです。ぜひ、お金持ちの働き方の真似をして、事業の掛け持ちをしてみましょう。

今日まで給料一本で生活していた人が、いきなり「会社を辞めても大丈夫！」となるのは難しいかもしれません。

でも、収入源を増やすことが、お金持ちになるため、そして将来、自分で自由に選んでいくための大きな一歩になることは、ぜひ覚えておいてください。

副業禁止の会社員でも すぐにできる収入源の増やし方

 収入源を増やすということは、副業をやれってことですよね？　うちの会社、副業禁止なんです

いえいえ、違います。副業はたしかに収入を増やす1つの方法ですが、副業禁止の会社員でも収入源を増やすことができます。ですからまずは、「収入は給料のみ」という思い込みを外して、可能性を探っていきましょう。

ここからは、みなさんが「会社勤め」という前提で、それでも増やせる収入源を案内していきます。もちろん、すべて私がアドバイスしてきた会社員の女性たちが実行できたものです。

❶「投資」をする

まずは、iDeCoを始めたり、ゴールドを買ったり……は、収入源を増やすためにすぐに始められることですね。ある程度、お金の勉強をした人ならばNISAも有効な手段です（ただし、インサイダー取引など、

お勤め先や仕事の内容によっては規則でできないこともありますので、その点はご自身で確認してください）。

「やれば必ず収入になる」と言えないのはツラいところですが、副業禁止の会社でも投資はOKなことが多いですし、ひとまず収入源を増やすためには有効です。

❷ お金になる技術を磨く

　これは、端的にいえば副業ということでもありますが、副業禁止の職場にお勤めの方のために言い換えるならば、会社に依存せずに収入を得られる能力を磨いておく、ということです。副業としてお金を得るところまでいってしまえば就労規則違反、という方でも、能力を磨くだけなら、何の文句も出ないはず。

　たとえば、私が運営している「富女子会」は、「ライター部」を持っています。ここに所属する女子たちは、文章のライティングを勉強して、WEB記事の制作、テープ起こし、講演を聞きに行って記事にまとめる、などちょこちょこ書く仕事をしています。すでにプロのライターとして活躍している人も出てきました。

　書く仕事は家でできるので、収入源を増やす方法としてはやりやすいみたいです。

　あるいは手先が器用な人なら自分で何かをつくって売るとか、日本語を学びたい外国人と会話してお金を得るとか……今の時代、できることはたくさんあります。

　まずは実際に行動し始めましょう。「収入源は1つの会社からお給料をもらい続けるだけ」という思い込みを完全に破壊しないと、絶対にお金持ちにはなれません。

❸「売る」名人になる

普段は消費者として使っているメル◯リ、ラク◯とか、ヤフ◯ク!で、ものを売ってみるというのもいいですね。友人から売りたいものを募って販売代行をして、手数料をもらってもいい。それなら、お休みの日にもできそうですよね。

最初は300円、500円かもしれません。いいんです、それで。額は関係ありません。「収入源が複数ある」ことが大事です。今日は給料日、明日はメル◯リの入金がある日、というように、お金の入る日を少しずつ増やしていく。

朝9時から夕方6時まで働いて月に20万円もらって、10年経っても、数万円しか上がらない。ずっとその収入源に頼っていたら、いつまで経ってもお金持ちになれるわけがありません。発想を変えることが大切です。

「収入＝時間の切り売り」で考える人は一生ビンボー

収入源を増やすにあたって、みなさんに覚えておいていただきたいことがあります。それは、「時給いくら」で仕事をとらえない、ということです。

時給換算で収入をとらえた場合、稼げる金額は、かけた時間によって左右されることになります。反対にいえば、「時間をかけないと、稼げない」ということ。**「お金を稼ぐ＝働く時間を増やす」というふうにとらえてしまったが最後、お金持ちへの道は閉ざされる**ことになります。

お金持ちになることは、仕事や時間の奴隷になることではありませ

ん。そうしたものから自由になることです。

　ですから、給料以外の収入源を増やす際には、ぜひ、時給換算を前提にした選択はやめてほしいと思います。

（　収入も、自己肯定感もアップする「転職」　）

　この項目の最後に、転職もまた、収入源や収入を増やす方法であることをお伝えしておきます。

　給料の水準は、業種である程度決まります。たとえば一般の会社の受付事務とか、栄養士、美容師、アパレル関係。こうした仕事が悪いと言っているわけではないけど、そうした業界でものすごく努力しても、収入の天井には比較的早く到達してしまうでしょう。

　お金が本当にほしいなら、基本は営業です。

　私がアドバイスした人の中には、栄養士をやっていて年収数百万円だった女子が、外資系の保険会社に転職して1000万円になった、というケースもあります。彼女はそれでアパートを買って、不動産所得も増やしました。その友だちの栄養士だった子は、営業ではありませんが、看護師に転身して、給料がかなり増えたと言っていました。

　人生、お金がすべてじゃない。それよりもやりたいことをやりたい。その気持ちはわかります。でも、いくらやりたいことでも年収が300万円を切っている方は、転職を真剣に考えてほしいと思います。

　年収が300万円ということは、社会保険料や税金が引かれるとだいたい手取りが250万円です。これが、毎年100万円以上貯金するための最低ラインだと思います。

やりたいことは、本当に本業でやらないといけませんか？　お金は別のところで得られるようにして、豊かな気持ちでその「やりたいこと」をやってもいいはずです。時給換算から解放されれば、本業にしていないことでも、やれる時間は確保できるはず。

実際に転職した人の中には、

年収の高い会社に転職するということは、忙しくなったり、頑張らなきゃいけないことが増えることだと思っていました。でも、違ったんです。正直に言うと、なんでこの仕事でこんなにもらえるんだろうというくらいもらっていますが、周囲の人もみんな同じ水準でもらっているので、こういうことなんだなーと。年収＝自分の実力、というわけではなかったです

と言う人もいました。

年収2000万円稼いでいる人が人間的にすごくすぐれていて、300万円の人がすべて劣っているかというと、絶対にそんなことはありません。
自分で自分の価値を決めつけず、収入や収入源を増やす方法を試してみてください。

副業で収入を得る場所、得る回数を増やす

Part 3

1000万円貯金達成 の 富女子から、後輩たちへ

「知識ビンボーがいちばんヤバい」

　ここまで、1000万円貯めた女子たちの、「やめてよかったこと」「やってよかったこと」をランキング形式でお伝えしました。みなさんに役立つ知識が1つでもあったでしょうか。

　本章では、そのアンケートの自由回答欄「これからお金を貯めようと思っている人に、アドバイスはありますか?」に多く寄せられた回答について、お話ししていきたいと思います。

　その欄には、私もびっくりするくらい、同じようなことが書かれていました。

「まずは知識をつけることが大事。知識がついたら自然にお金は貯まる」

　ということです。

　知識は本当に大事で、実は私が女性たちにお金についてのアドバイスを始めたのも、以前、相談を受けた女性たちが、あまりにお金の知識を持っていなかったからです。「その知識じゃ、たしかにそういう選択をするよな」という相談ばかりでした。

　私が相談を受けた女性たちが、特別、お金に接してこなかったかというと、そうではありません。

　ごく一般的な家庭に育ち、大学や短大を卒業し、企業に勤め、自分のお給料で生活をしている。そんな人たちでした。そんな人たちが、普通預金にお金を預けっぱなしにしていたり、貯金がほとんどなかったり、証券会社の勧めでリスクの高い金融商品に手を出して大損して

いたり、リボ払いを利用していたり……。家賃だけで給料の7割も払っている人もいました。それで、

「普通の家庭で育って、自分のお金で生活していても、必要な知識は自分で学ばない限り、身につかないんだ」

と私も実感したのです。

　知識がなければ、正しい判断はできません。
　知識を持ってはじめて、自分がどれだけ危険な状態にあったかも気づくことができるのです。

　そこでこの章では、「知識が大事」と話した女性たちが言う、「必要な知識」のうち、パート1やパート2ではお話ししきれなかったことを紹介していきます。最低限の知識として、身につけておきましょう。

（　あなたはお金の知識がある人？　ない人？　）

　本題に入る前に、まずはみなさんの知識レベルを、ご自身で確認していただきたいと思います。

　何年か前に、「ピケティ」という人の名前をメディアなどでよく聞いたと思います。みなさんはご存じでしょうか。
　トマ・ピケティはフランスの経済学者で、ピケティが書いた『21世紀の資本』（みすず書房）という本が世界的なベストセラーになりました。彼は本の中で「資本収益率（r）が経済成長率（g）より勝る」といっており、これが世間をざわつかせたのです。

 む、難しすぎます

ですよね。できるだけはしょって、わかりやすくお話しします。私は、以前、日本生命という会社に勤めていました。30年前のことですが、初任給は22万円。でも、実はこの初任給はいまもほとんど変わっていません。当時の新卒社員も、いまの新卒社員も、初任給はだいたい20万円台の前半です（2024年4月に新卒で入社する総合職初任給は24万1000円）。

一方で、私は15年くらい前に新宿でアパートを1棟買いました。前述のように当時1億2000万円でした。この物件、いま売ると2億4000万円になるようです。

あるいは、私は数年前に米アマゾン・ドットコムの株を買ったのですが、半年で倍になりました。

世の中の「インフレ」という声を聞くまでもなく、ものの価値もここ数十年でどんどん上がっています。家も高くなっていますし、インスタント食品の価格も上がっている。

つまり、ここ30年で、不動産や株の価値は上がったのに、労働の価値は変わっていない。投資の利益率よりも、労働してもらえる給料の伸び率は低い、とピケティはいっているんです。

投資の利益率 ＞ 労働してもらえる給料の伸び率

これは、日本だけでなくて、過去300年の資本主義の歴史の中で調べた結果、導き出した法則です。会社員の人がどんなに頑張って働いても、不動産や土地や株などを持っている人にはとうてい手が届かない。それがエビデンスで示されてしまったわけです。

普通に働いているだけだと貧しい人はますます貧しくなって、富める人はますます富んでいくっていうことですか?

　そうです。ですからみなさんも、1日も早く、働くだけじゃなくて、株や不動産など、成長率の大きいほうに参入してほしい。働いているばかりではお金はぜーんぜん増えません。

　ピケティの本を読んで、それに気づいた人は、もう何年も前から行動を始めています。みなさんも、そう気づいたなら、いますぐに行動をし始めなければなりません。

「知識があれば行動できるが、知識がないと何も変えられない」というのは、まさにこういうことなのです。

 でも、働かざる者食うべからずっていうじゃないですか

　そう、一般的には、働くこと（＝労働）は評価されています。なぜか。資本家から見たら、安い賃金で労働者を働かせるのがいちばんいいからです。

　でも、思い出してください。さっきのピケティの話では、資本家はrの側の人間で、労働者はgの側の人間です。悪い言い方をすれば、搾<ruby>取<rt>しゅ</rt></ruby>の構図ができあがってしまっているのです。

　ただし、いまは労働者（g）の側にも少し希望があります。それは、ネットが発達したために、チャンスは格段に広がったということ。ネットを使ってお金持ちになる人が増えています。

　株もネットで買えるようになりましたし、クラウドファンディングも暗号資産（仮想通貨）もそう。お金の話がいっぱい出てきて、いままで一部の人に限られていた情報源が開放されてきました。

　やろうと思えばできる。そんな時代がもう、やってきているのです。

「お金のことは自分で学ぶ」が
必須なわけ

前述のように、お金は知識が絶対必要です。でも、残念ながら日本で「普通に」暮らしていては、お金の知識は身につかない。それにはいくつかの理由があります。

日本の「親のお金のリテラシー」がヤバい

まず、私たちがいちばんにお金を学ぶ相手は、「親」です。親の価値観を、子は受け継ぐもの。お金についての考え方やお金の使い方も、例外ではありません。

でも、私は女性たちには、「親がお金の専門家でないならば、親に相談してはいけない」と言っています。親に相談するとだいたい、「リスクを見ろ」「待て」と言われるからです。

今までに「親から、『そんな投資じゃぬるいから、もっと攻めろ』と言われました」という女性とは出会ったことがありません、笑。

多くの親は、子どもには失敗してほしくない、苦労をしてほしくない、と思うのでしょう。それでリスクに必要以上に敏感になっているのかもしれません。

それだけに、やろうと決めたら、自分で勉強して、自分でやるしかない。その姿勢が大事です。

日本の「お金の教育」がヤバい

2022年になってようやく高校の家庭科で、これまで、まったくなかったといっていい資産形成の授業が必修化しました。「やっと」という感じです。

でも、学校でのお金の授業は、実のところ、あまり期待できません。

なぜなら、学校の先生自体が公務員であり、収入が非常に安定しているからです。つまり、先生たち自身はお金の心配は少ないうえに、営業職のようにノルマなどもないため、お金のことはあまり考えなくてもいい。副業は当然できないので、多様な生き方を示すことも難しい。

つまり、教師は「お金の教養」とは無縁の職業ともいえるのです。

だから、子どもに教えるとなると、「お金に詳しい」ということで証券会社の人を呼んできて「株の買い方」などの話をしてもらうことになる。そもそもお金の基本がないところに、いきなり株の話をされたところで、身につくとは思えません。

というわけで、学校教育に期待していてはダメだ、といっていいでしょう。

フラットな立場から「お金の相談」にのってくれる人がいない

多くの人は、「お金について話すのは恥ずかしい」と思っています。

先ほどの話にもつながりますが、私たちは日頃、お金について話す機会がありませんし、パーソナルなことなので話そうとしません。私がアドバイスしている女性たちも、

普通の友だちにはなかなかお金の話はできないけど、永田先生のところに相談に来るようになって、お金について話せる友だちができた

と言ってくれています。

そう、日本人は「お金について話せる場がない」のです。

どうすればいいか。社会人サークルに入るなり、アドバイザーを見つけるなりして、話せる場をつくることが大切だと思います。

ダイエットと同じで、同じ目標の友だちがいれば、継続のモチベーションにもなりますし、「やってよかったこと」「意味なかったこと」などの情報を共有できます。

みなさんにはぜひ、お金について話せる場を見つけてほしいのですが、その際に1つ、注意してほしいことがあります。よく広告などで入っている、**「無料の相談会」には行かない**ことです。

無料で相談会をやる人には、必ず何らかの理由があります。何かサービスを利用させたいとか、何かの投資に勧誘したいなど。「無料」を口実に勧められるサービスや商品には、ろくなものはありません。

ですから、アドバイザーをつけるならば、最初から有料のものがいいと思いますし、行くなら経営者向けの投資セミナーに行って、セミナー後の懇親会で経営者の方々に「投資のこと、教えてください」と話をするのがいいと思います。

ここまでの私の話を読んで、「ヤバい、お金の知識ゼロだ！」と危機感を覚えた方はすばらしいです。今から勉強をすれば、遅いことはありません。思い立ったが吉日、まずはいちばん身近なお金から、一緒に勉強していきましょう。

基礎知識として知っておきたい 4つのお金の話

　お金の勉強は自分でしなければいけない、といっても、本当にまったく知識がなければ、相談に行くのも難しいし、本を手に取ってもよくわからないかもしれません。

　そこで、ここで紹介するのは、アンケートで女子たちが、

> これを知らなかったのは、本当に損をしていた

> もっと早く知っておくべきだった

と言っていた4つのテーマです。
さっそく見ていきましょう。

知らないとヤバい「給与明細」の話

　働く方のいちばん身近なお金といえば、「給料」ですよね。でも、意外と「もらって終わり」にしてしまっている女子は私の周りにも多い。あなたは給与明細の見方をきちんと理解していますか?

　給与は「額面」と呼ばれる基本給や交通費、住宅手当などを含めた総額(次ページ「給与明細書」の「総支給額」)と実際に給与口座に振り込まれる「手取り(同「差引支給額」)」とで金額が変わります。
「謎に給料が減っているんだけど!」「なんでこんなに天引きされてい

るの?」と思った方は、何が引かれているのかを理解するとお金について のモヤモヤが少なくなるはずです。

給 与 明 細 書 の 例

社員番号			氏名				

支給	基本給	残業手当	休日手当	深夜業手当			❶
	233,000	0	0	0			
	資格手当	通勤手当	住宅手当				総支給額
	2,000	5,000	0				240,000

控除	健康保険	介護保険	厚生年金	雇用保険	社会保険計		❷
	11,772	0	21,960	1,200	34,932		
	所得税	住民税	税額合計				控除合計
	4,316	9,466	0	0			48,714

勤怠	出勤日数	有給日数	欠勤日数	出勤時間			❸
	20	0	0	160.00			
	残業時間	休出日数	休出時間	深夜残業			
	0	0	0	0			

集計	総支給額	総控除額					差引支給額
	240,000	48,714					191,286

企業にもよりますが、給与明細に記載されるものは大きく分けて3 つあります。

給 与 明 細 の 構 成
❶ **支給** …… 額面といわれる会社から支払われる総額。
❷ **控除** …… 保険料や税金など天引きされる金額。
❸ **勤怠** …… 出退勤、残業時間などの勤務状況。

ここで注目してほしいのが給料から引かれる控除の項目です。控除 の内訳は「社会保険料」と「税金」です。

社会保険料は、病気やケガを治療する医療費などが中心の「社会保障制度（健康保険、介護保険、厚生年金保険）」と、働いている人が対象の「労働保険（雇用保険、労災保険）」で構成されています。介護保険は40歳から徴収され、労災保険は会社が全額負担します。

　パート2で、税金には「所得税」と「住民税」があるという話をしましたね。それぞれ国と自治体から課税されています。
　所得税は給料にあわせた累進課税で、住民税は一律10％が原則ですが、都道府県や市区町村によって上乗せ（超過課税）されていることがあります。詳しくは住んでいる地域の自治体ホームページなどで確認してください。
　また、前年度の所得に応じる住民税は社会人1年目には課税されません。

知らないとヤバい「保険料」の話

　保険料と聞いてまず思い出してもらいたいのが、日本の「国民皆保険制度」でした（155ページ）。「健康保険証」を持っていれば、医療費負担が軽くなるこのすばらしい制度ですが、会社員のほとんどの方は給与の約10％前後が「健康保険料」として天引きされています（給与所得により、保険料率は変動します）。

　さて、この国民健康保険の料率は、住むところによってだいぶ違うことを知っていますか?

　国民健康保険は、地方自治体が保険者です。病人が多かったりして支出が多いと、それにともなって料率が高くなります。これからノマドや移住を考えている人は、よく見ておいたほうがいいでしょう。

┌───┐
国民健康保険料が高い都道府県ランキング

1位　徳島県　14万5629円

2位　佐賀県　14万3079円

3位　山形県　14万2577円

4位　大分県　14万1562円

5位　熊本県　13万9049円

＊標準化保険料算定額での順位（厚生労働省保険局調査課　平成29年度　市町村国民健康保険における保険料の地域差分析）
└───┘

　ちなみに最も低い算定額となったのは、埼玉県の10万2533円で、いちばん高いと算定された徳島県の保険料との差は1.4倍です。今後、地方の高齢化が進みますので高齢の保険者が多い地方自治体の保険料はもっと上がっていくと思います。

　保険料でもう1つ覚えておきたいのは、退職時のこと。定年をむかえる、転職をするときにすぐに次の会社に入社する場合は、その職場の健康保険に加入します。

　決まっていない場合は、次の2つから選べます。

❶ 退職前に使っていた会社の健康保険をそのまま最長2年間継続できる「任意継続」にする（健康保険任意継続制度）。

❷ 国民健康保険に切り替える。

❶の任意継続の場合、次の2つの条件を満たす必要があります。

> **任意継続の条件**
> ●資格喪失日の前日（退職日）までに2カ月以上継続して被保険者であること。
> ●期日までに「任意継続被保険者資格取得申出書」を提出すること。

また、保険料は全額自分で払うことになります。

聞いてみると、保険料が安いと考えて❶を選ぶ人が多いようです。

しかし、住んでいる市区町村によって、国民健康保険のほうが安くなる場合もあります。

少しでも安いほうが節約できますから、よく調べて条件のいいほうを選びましょう。

なお、退職して専業主婦（夫）などになる場合は、扶養者として家族の健康保険に入ることもできます。

知らないとヤバい「税金」の話

保険料と同様に、給与から天引きをされているものに「税金」がありましたね。税金は払いっぱなしにしている人がほとんどですが、取り戻すことができるんですよ。中でも収入に応じて課税される所得税は、働く人すべてが理解をしておくべきことの1つです。

特に、副業を始めると収入が増え、副業の経費も自然と増えます。たとえばライターをし始めた女子はパソコンが初期経費でかかったそうです。これらの経費は税金の控除の対象になるので、ここできちんと手続きを踏めば、取り戻すことができます。

　本業の年収300万円の人が、副業を開始した初年度に、年間50万円
稼いだとします。

　初年度で、副業開始の準備でパソコンなどを購入したために経費が
70万円かかったとします。ざっくりといえば、次のようになります。

　300万円の年収で仮に控除が何もない場合、
所得税10％、住民税10％で、
だいたい60万円の税金を払っているイメージでしたね。

　対して、控除がある場合、

(300万円＋50万円)－70万円 (経費) ＝ 280万円
所得税 28万円　　住民税 28万円(どちらも10％ずつ) で
税金は56万円

　となります。もともと支払うはずだった60万円の税金から経費で4
万円を取り戻せたことになります。

　このように副業で経費が認められている所得区分は
「雑所得」
「事業所得」
「不動産所得」
　です。

　また、副業の経費として考えられる主なものは、次の通りです。

```
┌─────────────────────────────────────────────────┐
│  副 業 の 経 費 と し て 考 え ら れ る 主 な も の      │
│  ● 消耗品費                                         │
│  ● 通信費                                           │
│  ● 新聞図書費                                       │
│  ● 旅費交通費                                       │
│  ● 地代家賃                                         │
│  ● 水道光熱費                                       │
│  ● 減価償却費                                       │
└─────────────────────────────────────────────────┘
```

1つずつ説明していきましょう。

消耗品費

事務用品や電池、10万円未満のパソコンや事務用の家具など。

通信費

副業で使ったインターネット料金やスマホ料金など。ただし、プライベートと副業と共用で使っている場合は、使用している割合に応じて、いくらを経費に計上するか考えましょう。

仮に1週間のうち日曜日だけ副業をしていた場合、総額の1/7を計上します。インターネット料金が7000円だった場合は、1000円分を経費に計上できます。

月に3日副業をしている場合は、総額の1/10になりますね。このように、きちんと説明ができるように計算することが大切です。

新聞図書費

副業のために購入した書籍、新聞、雑誌代など。

旅費交通費

　副業で使った交通費。副業で必要な取材や調査のための旅行費用は経費となります。

地代家賃

　❶ 賃貸の自宅で副業をしている場合、一部を事業用として経費に計上できます。

　仮に全部で50㎡の賃貸を10万円で借りている場合で、そのうち20㎡を仕事部屋として使っているときは、20/50㎡ですので、10万円のうち2/5の**4万円**を地代家賃として経費に計上します。

　❷ 面積だけでなく、使っている時間で計算することもできます。

　住まいの一部屋を、平日は住居として使い、土日は8時間×2日（月に16×4週間）を事業用に使っているのであれば、

30日 (1カ月) × 24時間 = 720時間
16時間 × 4週間 = 64時間
64/720 = 0.088
10万円 × 0.088 = 8888円

　この場合は、毎月**8888円**を経費として計上します。

水道光熱費

　電気代やガス料金なども、使用時間等で、計算すると経費として計上できます。1カ月のうち副業で使っている時間が10日であれば、光熱費の請求額の1/3を経費として計上します。

減価償却費

　「減価償却」とは、年月の経過によって劣化し、価値が減る固定資産

（業務で使用する建物や車、パソコンなど）の費用を、一定期間に配分して計算することです。住宅ローン返済中の自分名義の持ち家で、副業をしている場合、副業で使っているスペース分が減価償却費として経費になります。

　現在、住宅ローン返済中の持ち家の一部を副業の仕事場に使っている場合の減価償却費の求め方を簡単に説明しましょう。

持ち家の一部を仕事場にしているケース

● 築25年の中古マンションを3000万円で購入
● 1/4のスペースを仕事場として使っている

　減価償却費は、建物の購入価格に償却率と使っているスペースの割合をかけて、

減価償却費＝建物の購入価格×償却率×副業として利用している割合

の計算式で算出します。具体的に見ていきましょう。

❶ 取得時の耐用年数を算出する

耐用年数 ＝（新築時の法定耐用年数※－経過年数）＋ 経過年数 × 0.2

※法定耐用年数は、建物の構造によって異なる。マンションに多いRC造（鉄筋コンクリート造）の場合、新築時の法定耐用年数は「47年」。
※法定耐用年数は、税金の計算上決められた耐用年数。「RC造のマンションは47年しかもたない」という意味ではない。

　ですから、築25年の中古マンションを購入した場合の耐用年数は、

（47－25）＋25 × 0.2 ＝ 27（年）

　となります。

❷ 償却率を調べる

耐用年数によって、償却率が変わってきます。

償却率は国税庁のホームページにある「減価償却資産の償却率等表」で調べましょう。

なお、償却率等表には、「定額法」と「定率法」の2種類が出ています。

・**定額法** …… 毎年決まった額の減価償却を行う

・**定率法** …… だんだん減価償却費が少なくなる

のうち、建物に適用されるのは「定額法」です。表で「耐用年数27年」「定額法」で確認すると、「0.038」という数字が記載されています。

❸「建物の購入価格×償却率×副業として利用している割合」の計算式にあてはめる

3000万円×0.038×0.25＝28万5000円

つまり、28万5000円が1年分の減価償却費として経費に計上できる計算になります。以降も、耐用年数の27年まで毎年減価償却費に経費計上できます。

また、住宅ローンを払っている場合は、

・**固定資産税**

・**住宅ローンの金利部分**

についても、事業で使っている割合部分を経費として計上が可能です。

ただし、住宅ローン減税を受ける場合は要注意。

住宅ローン減税は居住用部分が対象です。もし、副業で使っているスペースの割合が50％を超えると住宅ローン減税は受けられなくなります。

また、50％以下であっても、副業で使っている部分は住宅ローン減税を受けられません。副業で使っているスペースの割合が10％以下であれば、全額住宅ローン減税を受けられます。

ですので、住宅ローン減税と、減価償却費としての経費計上とどちらが節税効果が高いか、よく比較検討しましょう。

以上、経費について見てきました。経費としてなんでもかんでも認められるわけではありませんが、見ていると「副業のために使ったもので、ちゃんと説明がつくもの」であれば、認められることが多いとわかります。

まずはかかった経費そして税金についてきちんと把握して控除を受けましょう。

知らないとヤバい 「年末調整」と「確定申告」の話

これまで幾度となく登場した「控除」ですが、この控除を受けるためには申請が必要です。その申請には、主に「年末調整」と「確定申告」の2つがあります。

まず「年末調整」から見ていきましょう。年末調整は給与所得者である会社員を対象としたものです。所定の書類を提出すると、在籍する企業の経理担当者が税金の調整をしてくれます。

 毎年、11月に「出せー」と言われるんですけど、めんどうくさくて。そもそも年末調整って何ですか？

年末調整とは簡単にいえば、国が「申告すれば、多く払いすぎた分の税金を戻しますよ」という制度です。年末に調整するから、「年末

調整」と呼ばれています。

　会社員の場合は、毎月、天引きの形で給料から税金が引かれています。個人個人が、どんな保険に入っているか、誰を養っているかといったことを会社は把握できません。ですから年に1回、社員に提出させて、税金を払いすぎている人には戻し、納税の足りない人には追加で徴収しているのです。

　加入している保険会社から送られてくる「控除証明書」は、年末調整書類提出時には必須のものですから、捨ててしまわないようにしましょう（万が一捨ててしまった場合は、再度取り寄せて提出します）。

　基本は、会社が用意した書類に記入して戻すだけです。

 年末調整が、「年末に調整する」なら、確定申告は「確定して申告する」……?

　はい、その通りです。確定申告は簡単にいえば、
「1年の所得の収支を計算して確定させて、納める所得税の金額を算出し、申告すること」。
　もっと簡単にいえば、
「儲けたお金から、税金を払います。その申告をします」ということです。

 先生! 会社で年末調整してもらえてるし、私のような会社員には「確定申告」は不要なんじゃないですか?

　いいえ、実は会社員でも、確定申告が「必要（しなければならない）」な場面、「したほうがいい」場面は数多くあります。
　まずふるさと納税でワンストップ申請を利用しない場合、寄付など

をした場合、副業をしているなど会社が把握していない収入がある場合などは、確定申告が「必要」です。

　また、医療費控除（96ページ）を受けたい場合、金融投資をして損益が出た場合、住宅ローン減税を受けたい場合（初年度のみ）は、確定申告をすることで控除が受けられる（納めるお金をおさえられる）可能性があります。

　確定申告は、「納税のため」のものというイメージが強いからか、多くの人は、「確定申告すると、税金を余計に納めなきゃいけなくなる」と勘違いされています。

　しかし、「控除」、つまり払いすぎたお金を戻すための確定申告もとても多いものです（この「還付金」については247ページを参照）。

　なお、確定申告にも種類があり、フリーランスや自営業者などは、申請の仕方で納める税金額が変わります。一度は税理士に相談してみることをおすすめします。

（小さな声で）副業で収入がありましたけど、税務署に申告しなくてもバレなければいいんじゃないですか?

　ダメです。納税は国民の義務ですし、税務署は誰がいくら税金を納めるべきかを把握しています。

え! 怖い! どうして??

　たとえばあなたがA社の案件を副業で引き受けて、100万円の報酬があったとしましょう。するとA社のあなたへの支払いは、経費などの形で税務署に申告されることになります。

　税務署としては、A社はあなたに100万円を支払ったと申告してい

るのに、あなたからは納税がないことになり、「おかしい」とわかる、という仕組みです。

　申告せずに放っておくと、延滞税や無申告加算税などのペナルティを科せられる場合がありますから、注意が必要です。

確定申告が「必要」な7タイプ

　では、どんな人が「確定申告しなければならない」のか。以下にまとめてみました。

会社員でも確定申告が必要な人

(1) 副業による所得が20万円を超える。
(2) 給与の年間収入が2000万円を超える。
(3) 年の途中で退職して、再就職していない。
(4) 「退職所得の受給に関する申告書」を提出していない。
(5) 不動産を売却して儲けが出ている。
(6) 2カ所以上から給与をもらっている。
(7) 満期保険、解約返戻金が一定額を超えた。

　私は副業を勧めているので、いちばん関係があるのは(1)ですね。
　ここで注意してほしいのは「所得が20万円を超える」というところです。

所得＝収入ー必要経費

なのでもし、40万円の収入があって、必要経費が30万円かかっていたとすると、「40万円ー30万円」で所得は10万円だから、確定申告をしなくてもOKということになります。

払った税金が戻ってくる!? 「還付金」とは

もう1つ知っておいてほしいのは、「したほうがいい」確定申告です。支払った税金が「還付金」として戻ってくる確定申告は、主に2パターンが考えられます。

❶ 副業で源泉徴収されているとき

副業でバイトや単発の仕事をやった場合など、報酬を支払う側（法人）は、支払う前に「源泉徴収」といって税金を集めておき、税務署に納税する義務があります。

もし、副業のライターの仕事が年間で100万円の報酬だった場合、手元には90万円が入り、10万円の税金をすでに払っていることになります。

経費を多く使っている場合、確定申告をすることで、支払った税金の一部が「還付金」として戻ってくる場合があります。

❷ 医療費を多く支払ったり、住宅ローンを組んだり、寄付をしたとき、また何らかの被害を受けたとき

会社員の人でも、医療費控除、寄附金控除、雑損控除は、年末調整では計算されません。自分で確定申告をすると税金が戻ってくる可能性があります。

また、住宅ローン控除も、制度対象の物件のローンを組んだ翌年に確定申告をすることで受けられます。

特に副業で損をした場合などに、確定申告をすると損益通算（106ページ）ができるんでしたね。つまり、節税できるので、副業がうまくいっていないときほど、確定申告は大切ですね。

まずは一度やってみる

　確定申告の詳しいやり方は、国税庁のホームページにありますので、ここでは、ごくごく簡単にやり方と提出時期を説明します。

　確定申告は、必要な書類をそろえて税務署に提出します。

必 要 な も の
・確定申告書
・本人確認書類（マイナンバーカード）
・銀行口座がわかるもの
・所得を証明できるもの
・控除証明書

確 定 申 告 書 の 入 手 先
・国税庁のWebサイトからダウンロードもしくは確定申告書等作成コーナーから出力
・税務署や市区町村役場の税務課や確定申告相談会場で受け取る
・税務署から郵送で取り寄せる
など。マイナンバーカードと、それを読み取れるスマホなどがあれば、最近では申告書の入手から提出まで、すべてオンラインでできるようになっています。

確 定 申 告 書 の 提 出 期 間
毎年2月16日頃〜3月15日頃までの1カ月間

確定申告は、税金を知るのにいちばんいい方法です。

給料をもらっている人は気づかないかもしれませんが、実は税金は、私たちにとって大きな支出。だからこそ、お金持ちになりたい人は、知っておく必要があります。

やり方がわからない場合は、税務署の相談コーナーでも教えてもらえますし、確定申告だけ税理士さんに頼んでみるのもいいでしょう。
ぜひ、一度やってみてください。

シミュレーション例

給料……400万円

税金（住民税・所得税）……40万円

副業……50万円

経費……70万円（初年度で多くかかった）

収入……450万円（400万円＋50万円）
　　　　－70万円（経費）＝380万円

税金（住民税・所得税）……38万円

確定申告をすると、2万円戻ってくる。

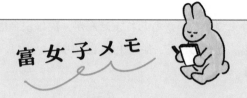

富女子メモ

少数ながら圧倒的支持！
「ふるさと納税」

　最初に言っておきますが、私は、「お金持ちになる」という意味ではふるさと納税は意味がないと思っています。

　でも、1000万円貯めた女子たちに「お金を貯めるためのおすすめの方法」について語ってもらったところ、何人かの方が熱烈に、

　「ふるさと納税はおすすめです！」

　と言っていたので、ここで少し、触れておきます。

　ふるさと納税は、住民税の一部を、今住んでいるところではなく、自分の選んだ自治体に納められる（＝寄付できる）制度です。その寄付の見返りとして、特産物などの返礼品がもらえます。

　会社員であり5カ所以内の自治体への寄付であれば、ワンストップ特例制度（「確定申告しなくていい」制度）を活用できます。

ワンストップ特例制度の流れ

自治体に寄付をする（1月1日〜12月31日）

↓

自治体から届いた書類で申請（翌年1月10日まで）

↓

住民税の控除通知が届く（翌年6月ごろ）

※6カ所以上の自治体に寄付した場合や、ワンストップ特例制度の申請が締め切りに間に合わなかった場合は、自分で確定申告をする必要があります。

さて、確定申告いらずなお手軽さ以外にも、女子たちがなぜふる
さと納税を熱烈に推薦するのか、気になりますよね。それは、「普
段は手に入らないような高級なものが、一部負担するだけで得られ
るから」「生活必需品が返礼品になっていることもあり、節約にな
るから」だそうです。

前者の場合はフルーツや海産物や和牛、後者の場合は米やトイレ
ットペーパー、タオルなどが該当するようです。

たしかに、お得感という意味では、ふるさと納税はいいですね。

加えて、自分の納税について自覚的になる、という意味でもいい
かもしれません。会社勤めの方は住民税などが給与から天引きされ
ることもあって、「納税意識」の低い方が多すぎます。ふるさと納
税をきっかけに、税金への感度を上げていただきたいと思います。

ちなみに、それでも私がふるさと納税をおすすめしていない理由
は、「お金を使う発想からが脱却していないから」です。それと、「本
当に食べたいなら高級でも食べればいいし、必要なら買えばいい」
と思っているからでもあります。

おすすめしていないだけで、やらないほうがいいとか、ムダだと
言うつもりはありません。お金に、税金に興味を持つことは、お金
持ちになるための大切な一歩です。

興味のある方はぜひ調べて申し込んでみてください。

終章

のべ5000人の
女子と話して
驚愕(きょうがく)！

お金についての

7大

勘違い

ここまで、普通の女性が1000万円貯めるために必要な、さまざまな知識についてお話ししてきました。

　知識がないのは論外ですが、知識だけで行動に移さなければ、それもまた意味がありません。

　しかし、知識を得たはずなのに、自分の間違った思い込みのせいで行動に踏み出せない方が大勢います。そこでこの章では、多くの人が持ちがちな思い違いと、お金持ちになるために必要なマインドについてお話ししていきます。

女子の勘違い

1

「貯金しているから大丈夫」 「現金さえあれば最後は 大丈夫」と思っている

「お金持ちになりたい」と言う女子たちが陥りがちな思い込みの1つ、それは、「お金さえあれば大丈夫」というものです。

 結局、タンス預金がいちばん安心なんじゃない?

なんて言う人もたまに見ますが、何かあったときにいちばん現金が頼りになると思っている人はかなり多いのです。

しかし、それは違います!

ここまで何度もお話ししてきたように、お金もまた、価値が変わり続けており、全体としては、日本のお金の価値(日本円)は徐々に下がってきているのです。

さらには、本当に困ったときに現金だけ握りしめていても、飢えをしのぐこともできません。

日本円は日本政府が発行しているお金です。政府がある限り、価値がまったくなくなるということはないかもしれませんが、為替レートが変われば、その価値は簡単に変わります。

「1ドル＝100円」と「1ドル＝150円」では、価値が大きく違うのです。

　ですから、資産をすべて「貯金」「現金」で持っておくのは、危険です。特に1000万円くらい貯まってからは本当にそうで、最近は銀行でさえも、1000万円までしか保証してくれなくなりました。

　ぜひ、現金以外にも、不動産や株、保険など、ご自身でバランスシートを描いて資産の配分をしてください。とにかくお金さえあれば、という発想ほど、リスクの高いものはありません。

女子の勘違い

2

「お金持ち＝幸せ」だと
思い込んでいる

　お金と幸せとは、けっしてセットで考えないでください。

　お金を貯めることは大事です。しかし、お金より大事なものはたくさんあります。なぜ今さらこんなことを言うかというと、お金を貯めることに力を入れるあまり、大切なことを見失ってしまうことがあるからです。

　親が心配してくれるのは当たり前。仕事があるのは当たり前。給料をもらえるのは当たり前。健康なのは当たり前……私たちは、いろいろなことを「当たり前」だと思っています。

　しかし、当たり前の反対語は、「ありがとう（有り難う）」。「有る（ある）こと」は「難い（かたい。むずかしい）」ものなのです。

　感謝の気持ちを持つことで、幸福感は高まります。当たり前だと思っていることが多すぎると、いつまでも幸せにはなれないでしょう。

こんなふうに偉そうに言っていますが、実は私も、「お金、お金」とばかり考え、それ以外のものを軽んじていたことがありました。

　サラリーマンを辞めて独立し、ずっと望んでいた生活が手に入ったときのことです。お金もあるし、心配事もなかった。けれど、なんか幸せではなかった。毎日がおもしろくなかったんです。

　そのときにパッと手に取った本に、「そういう人は感謝が足りない。毎日寝る前に、感謝すること、楽しかったことを3つ書きなさい」と書いてありました。たしかに当時は、会社に行かないことも、大家業でお金が入ってくることも「当たり前」だと思っていて、何にも感謝していなかった。そう気がついて、本に書いてある通りに、書き出してみました。

「今日はすごくきれいな青空が広がっていて、幸せな気分だった。ありがとうございます」

　という感じです。そういうふうに感謝していると、ほのぼのと幸せな気持ちになりました。

　それが習慣になったとき、小さいことにも感謝できる自分がいました。悪いことが起きても視点を変えられるようになったようにも思います。

　すべての物事は、見方次第。たとえば、雨が降ったら、「なんかうっとうしいな」ではなくて、「作物がよく育ってよかった。感謝しよう」となります。

　そうすると、あらゆることをポジティブにとらえられるようになり、いつも前向きで幸せな気分でいられます。

女子の勘違い

3

「危機のときはあまり動かないほうがいい」と思っている

　女性たちを見ていて思うのは、みんな本当に忍耐強いな、ということです。

会社がツラい

上司がイヤだ

　こんなふうに言う人は多いですが、実際に辞める人はほとんどいません。

なんでそんなツラい会社なのに、辞めないの？

　と聞くと、

だって、次の仕事が見つかるかわかりませんし、会社に迷惑もかけるし辞められませんよ

なんて言うわけです。

正直にいうと、私はツラいなら辞めたほうがいいし、危機のときほど動いたほうがいいと思っています。

なぜなら、「逃げる」というのは大事な選択肢、戦略の1つだからです。

学校でも会社でもそうですが、本当にツラいと思っているのにガマンしたり、意地になって辞めなかったりする人がいるのは本当に不思議です。

でも、考えてみてください。いくらムカついたからといって、ウサギがライオンに向かっていっても食われるだけでしょう。対抗手段の1つとして、「逃げる」という選択肢をいつも持っておくことが大事です。まさしく「君子危うきに近寄らず」です。

売られたケンカは何でも買えばいいってもんじゃない。ケンカには勇敢なイメージがあるかもしれませんが、相手にしないとか、逃げるという選択肢もあります。

私はイヤな人からは逃げますし、会いません。

学校では「みんなと仲良くしなさい」と教えられますよね。けれど、私は自分の子どもには、「友だちは慎重に選べ」と言います。

イヤなことはやめたほうがいいし、イヤな人と無理に仲良くしようとするのってとても矛盾しています。でも、そうしなきゃいけないという風潮がある。みんな真面目すぎるんです。

「今が危機だからこそ、動けない」という方。危機を理由に動かないのは、本当にもったいないです。危機というのは、困っている人がいるということで、そこに必要とされるサービスがあるということです。

アイデア次第でどうにでもなります。

かといって、今すぐ会社に退職願を出せと言っているわけではありませんよ。副業なりボランティアなり、なんでもいいので行動する。収入源を増やす。そうやって準備をしておいて、大きな動きに移せばいい。

動いていない人のところには、チャンスも飛び込んでは来ないものです。危機だからとじっと耐え忍ぶのではなく、「今できることから動いてみること」が大切です。

女子の勘違い

41

「まじめに働いていれば将来安泰」と思っている

「働く人が偉い」と言う人がいますが、私はこの意見には反対です。

汗を流して働くことがそんなに偉いとは思えません。「労働神話」だとさえ思います。むしろみなさんに勧めたいのは、「所得を分散させるとお金持ちになる」という話。

所得の分散は環境を変えるのと同じくらい大事だと思っています。

ちなみに私自身の話をすると、経営者として給料をもらっているし、配当ももらっているし、貯金もあるから利子もある。不動産収入もあるし、一時所得や雑所得もある。山は持っていないから山林所得はないけれど、それ以外はだいたいある、といった具合です。

でもこれは、特別なことではありません。会社員で給与があって、不動産を持っている女性はいますし、プラスで貯金もしていれば、収入源はすでに3つですよ。メル○リで何かを売れば、さらに収入が増える。すべてはそういうものの積み重ねです。

262

もしかしたら、親御さんは「1つの会社で、一生懸命働くべきだ」と言うかもしれません。

　昭和時代、平成時代はそれでも大丈夫でした。親御さんの世代は会社が社員を守ってくれ、長く働いていれば年功序列で給料も右肩上がりでした。

　でも、今は違います。さらにいえば、女性であるというだけで、右肩上がりの角度が急に緩やかになります。いくら働いても、給料はほぼ平行線かもしれません。

　もっといえば、まじめに努力して働いていても、早期退職推奨や退職勧告を受けるような時代にもなっているわけです。つまりもう、「親と同じ」は願っても叶わない時代です。

　いろいろなことに手を出しているほうが、いざ、どれかがダメになってしまったときにも、救済の道もたくさんあります。

　「周りにそういうやり方で成功している人がいないから」「親がやっていないから」を理由にせず、自分でできること、いいと思うことをやってみるのが、唯一の道です。

　子は親の背中を見て育つといいますよね。結局、親がサラリーマンだったら、やっぱりサラリーマンという選択肢を選ぶ人が多いんです。でもそれだと、親を超えられません。

　ちょこっと投資してみてください。

　それだけでだいぶ、世界の見方が変わり、選択肢が広がるはずです。

事実、女性たちの中には、

 1年前から米ドル建ての外貨預金を始めたんです。突然、銀行から電話がかかってきて、おもしろそうだからやってみよう、と思って。そうしたら、その後、金融商品のお知らせがすごい来るんです。
外貨預金を始めなければ、自分からは触れなった情報が自然に入ってくるようになって、なんか、お金への興味も持ち続けられるようになりました

と言う方もいます。

　米ドルに興味が出たら、今度はオーストラリアドル、ニュージーランドドル、あるいはユーロも見てみる。

　とにかく必要なのは「きっかけ」です。いったんやり始めてしまえば、自然と他も気になっていきます。

　たとえば不動産でも、REITという不動産投資信託があります。投資家から集めた資金で、オフィスビルや商業施設、マンションなどいくつかの不動産を買って、賃貸収入や売買益を投資家に分配する商品です。REITを始めると、投資だけではなく、自分でマンションを持ったらどうなるのかという発想にもつながっていきます。

　最初は、小さな一歩から始めてみるといいですね。

「安定が安心」
と思っている

　人生の方程式は大きく分けて2つあります。"自由＝不安定"、"不自由＝安定"です。

　みなさんは、自由で不安定なのと、不自由で安定しているのと、どちらがいいですか？　多くの人は、人生の中で「安心」「安全」「安定」を大切なポイントとしていますよね。

　それは「不安定」という言葉には悪いイメージがあるからかもしれません。

　しかし、不安定が本当に悪いのか？　私は、不安定は悪いことではないと思っています。

　世の中で最も安定している人はどういう人でしょうか？　富女子会の女子たちは、

 安定＝公務員というイメージです

と口をそろえます。

たしかに安定しているかもしれません。でも、実はもっと安定している人がいます。

それは囚人（しゅうじん）です。囚人は、働かなくてもご飯が出てきます。

でも、囚人には自由がありません。とても「不自由」です。とにかく安定だけを求めると、行き着く先は「囚われ人」です。

私は経営者です。誰かが守ってくれるわけではありません。すべての責任を自分で負う必要があります。苦情が来れば、自分で対応しなければなりません。昨日までの取引先が、今日倒産することもあります。事業に失敗すれば、自分の給料を自分で減らすしかない。まったく不安定です。でも、「自由」です。

私はサラリーマンという安定した状態を辞めてからというもの、チャンスを自分で見極めて、ビジネスを発展させ、サラリーマン時代では考えられなかったくらい資産を増やしてきました。

そう、私はリスクを取ったからこそ、道が開けました。

サラリーマンはどうでしょう。仕事で多少失敗しても、そのままにして家に帰ることもできます。給料も決まっている。生活はある程度安定します。一方で、拘束時間がある。ビジネスチャンスが来ても、上司に相談してから判断をあおぐことになる。囚人と同様に「不自由」です。

この章であえて「会社員」ではなく「サラリーマン」と書いているのは、「サラリー」に囚われている方への警告です。

「自由で不安定」の最大のメリットは、自由に自分を変えられることだと思います。

たとえば、大きな会社にいれば、安定はしているかもしれませんが、

自分が変わりたいときに、すぐには変われません。今、東京の会社に勤めていたら、好きな沖縄に引っ越すことはできません。しかし、自分で会社を経営していれば、自分の判断ですぐに沖縄に引っ越すこともできる。いくらでも、すぐに変われる。好きな選択肢を自由に選べるのは、安定していないことの最大のメリットです。

　繰り返しになりますが、だからみなさんに会社を辞めなさい、と言っているわけではありません。「自由で不安定」の道があることを視野に入れておくことで、見えることがあると覚えておいていただきたいのです。

女子の勘違い

6

「みんなと同じくらいが
いちばん」
と思っている

「あなたは将来、どんな暮らしがしたいですか?」
　このような質問に対して、あなたはどのように答えますか?

　女性たちにアドバイスをしていて驚くのが、「お金持ちになりたい」
と答える方の多くが、「こういう暮らし」という理想像がないことです。
　たとえば、5年後に自分がどういう家に住んでいて、周りにはどん
な人がいて、四季折々にどんな暮らしをして、というイメージはある
でしょうか。具体的なイメージがなくて、ただ漠然と幸せな暮らしが
したい、ということしか考えていないのでは?　あるいは、「人並みく
らいで……」なんて言う人もいるかもしれません。
　私たちは、つい「人と同じがいい」「今と同じで」と思ってしまう
ようにできているのです。

　この「今のまま」の場所を心理学用語で「コンフォートゾーン」と

いいます。居心地のいい場所という意味です。とにかく変化を嫌う人の習性を表しています。

　たとえば、お金持になることも、貧乏になることも、両方変化です。貧乏になるのはもちろんのこと、潜在的にお金持にもなりたくないのが人間です。

　本来、人は思った通りに生きられます。

　どうすればいいかというと、具体的な目標を立ててイメージし、「そうなりたい」と意思を持つことです。人と同じであること、みんなと同じようにすることに、意味はありません。

　ひとまず5年後、どうなっていたいか、目標を書いてみてください。金銭的にも、時間的にも、何も制約がないとしたらどんな生活をしていたいか、一つひとつ書くのです。

　自分がやりたいことを明確にしていかないと、いつの間にか「人があなたにやらせたいこと」をやらされてしまいます。

　私は、30代の頃、しょっちゅう「こんな暮らしがしたい」と紙に書き出していました。それをモチベーションにしていたわけです。

　この間、掃除をしていたら、昔、「どんな家に住みたいか」を書いた紙が出てきました。不思議ですが、今住んでいる家のリビングにそっくりでした。結局、人生はイメージした通りになるんです。

　自分の理想の生活をイメージすることもなく「ほどほどに幸せで」とか「みんなと同じで」とか言っているなら、それは単なる言い訳です。人それぞれ個性があるように、目指す幸せの形も違います。「みんなと同じ」は、きちんと考えたくない人の言い訳です。

　自分の幸せを考えないでいて、お金持になれるはずはありません。

　だからこそ、自分の幸せを自分で考えてほしいのです。

女子の勘違い

7

「借金＝悪」
だと思っている

多くの方は、「借金やローンはないほうがいい」と思っています。

しかし、それはそもそも間違いです。世の中で「お金持ち」と言われている人ほど、たくさんのローンを組んでいますし、上手にお金を借りています。実際、みなさんが家を買うときにもローンを組む必要がありますし、現金払いなんておすすめしません。

ぜひ、本書を手に取っているみなさんには、お金を借りることに必要以上の抵抗を持たないでほしいと思っています。

ただし、借金していいのは「必要なもの」だけ。その場合は、金利5％以下なら、お金を借りてもいいです。

借金をしていいのは、次の表で△より上の場合なので、借りるか、借りてはダメかをきちんと判断しましょう。

金利	項目	借りてもいいか
0 ～ 2%	住宅ローン、教育ローン、奨学金	◎
2 ～ 5%	マイカーローン、リフォームローン	○
6 ～ 10%	ブライダルローン、葬儀ローン、メディカルローン	△
10 ～ 13%	運転免許ローン、家電ローン	×
14 ～ 18%	フリーローン、キャッシング、リボ払い、宝石・英会話・エステのためのローン	××

　一方、「欲しいもののために借金をする」と、必ず経済的に困窮します。大切なのは、21ページでもお話しした「欲しいもの」と「必要なもの」の区別です。

　もし、欲しいものを買いたいなら、貯金をしましょう。
　たとえば50万円のパールのネックレスが欲しいなら、ローンを組むんじゃなくて、買うためにコツコツ貯金する。爪の先に火をともすようにして貯めた50万円を握りしめて買いに行ってみてください。「もう、欲しくない」と思うかもしれません、笑。

　言いたいのは、「欲しいものを買うな」ということではありません。いろんなことをガマンして貯金してまで欲しいなら、それは、本当に欲しいもの。ならば、買えばいいんです。
　貯めたお金があって、いつでも買えると思うと、意外と買わないものです。
　だけど、貧乏な人たちは、お金がないから、今のうちに何でも買っておこうと思っちゃう。なんでも買ってしまうから、家の中が「ムダなものだらけ」「片づけができない」と悪循環になってしまいます。

　上手に借金ができる人が、本当に必要なものをうまく手に入れて、お金持ちにもなれる人だというのは、ぜひ覚えておいてくださいね。

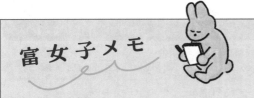

富女子メモ

本当にあった怖い 「ブラックリスト」

「ブラックリスト」って聞いたことはありませんか?

　銀行やクレジットカードの会社は、新しいお客さんがお金を借りに来ると「貸しても大丈夫な人か」を調べます。クレジットカードをつくりに来た人のことも「この人に新しくクレジットカードをつくっても問題ないか」を確認する。

　そのときに参考にしているのが、信用情報を一手に集めている、信用情報機関の情報です。この情報は、「クレジットヒストリー(略して「クレヒス」)」と呼ばれています。

　借りたお金をちゃんと返さなかったり、返すのが遅れたりして、マイナス情報が載ってしまうことを「ブラック」とか、「ブラックリスト」といいます。

　クレヒスが「ブラック」になると、金融機関からお金を借りられません。当然、住宅ローンを組めなくなるので家が買えなくなります。

　場合によっては、賃貸住宅も借りられなくなります。お金が借りられないということはクレジットカードがつくれないので、携帯電話を契約するときの分割購入ができなくなります。

 ひぇー。恐怖の「ないないづくし」ですね。絶対親に言えない。「ブラック」になると一生、消えないんですか?

基本的には、借金を全額返したあと5年間で消えます。でも、5年間いろいろなことができなくなるって相当ツラいですよ。

でも、結婚しちゃって、旦那（だんな）さんがローンを組んで家を建ててくれれば、家は買えるから問題ないですよね

あまいっ!!!　大金持ちの旦那だったら話は違いますよ。だけど、フツー、若い夫婦が家を買うときは、お互いに連帯保証人になって住宅ローンを組むんですよ。

そのときに、どちらかがブラックだと連帯保証人になれなくて家を買えません。結婚するときに、自分のクレヒスがきれいじゃないと、せっかく結婚してもすぐに離婚される原因の1つになりかねませんよ。

お金にだらしないのが、ばれちゃうってことですか

そう、ばればれです。お金を1回借りたら、だいたい逃げることはできないわけだから絶対に返す。それ以前に、返せないお金は借りないことです。

意外とみんな失敗しやすいのが、「うっかり払い忘れ」。
うっかり忘れも滞納は滞納。記録に残るから注意しないとダメですね。
特に注意したほうがいいのは、携帯電話の料金です。本体の代金が分割になっていて、毎月の通信料金と一緒に払っている人、いるでしょう?
あれ、本体の代金は、ローンを組んでいるんですよ。だから、遅延はブラックになる可能性大です。

えっ、マジですか？　たった1回でも払い忘れたら、ダメなんですか？

　いや、3回です。野球と同じ3アウトで終わり。信用情報は、支払いが遅れると必ずブラックリストに載ります。
　お金を借りられるところ（銀行、クレジット会社など）はぜーんぶつながっているので、あなたがどこでいくら借りているか、何回支払い忘れているかという情報は、すべて把握されています。

　ちなみに、アメリカでは履歴書の代わりに「クレヒスを持って来い」と言われます。
　つまり、お金の使い方はその人の歴史であり、人格が出るとも考えられているわけです。
　みなさんも、ちょっとした「うっかり」で信用を失わないようにくれぐれも気をつけてください。

おわりに

不安・心配だからこそ、
確実なものに手をつけよう

正しく貯めるいちばんのコツは、
『正しく想像を働かせる』こと

貧乏は、いっときのことです。

もし、自分を貧乏だと思うのなら「あっ、ちょっと風邪を引いちゃった。健康になれば、お金持ちに戻れるんだ」と考えてください。貧乏が自分の本来の姿だとけっして思わないでほしいのです。

そもそも人間は豊かです。そうじゃないのなら、「何か」が邪魔をしています。だからこそ、「『何か』を取り除けば、自分はお金持ちになれる」という考えを身につけてほしいです。

ものすごく努力をしなければ、お金持ちにはなれない。そう思っているとしたら、今日からその考えをポイッと捨ててください。

私がみなさんに伝えているのは「邪魔をしている何か」を取り除く作業です。

では「邪魔をしている何か」とは何でしょう。

まずは、お金に対する「固定観念」です。年収300万円の人と年収600万円の人なら、後者が2倍のスピードで、貯金1000万円を達成できると思っていませんか。

おわりに

それが実は間違いです。貯まるかどうかを決めるのは、年収格差よりリテラシー。お金についての正しい知識と考え方を持っている人がお金を早く貯められるのです。その象徴が本書で何度もお話ししてきたムダ遣いです。何かを買うときには、反射的に買わないこと。「欲しいかどうか」ではなく、「必要かどうか」を考えれば、ムダを減らすことができます。

次に「お金持ち＝悪」という思考です。「お金持ちは陰で悪いことをしているに違いない」という思い込みをしていませんか?

「絶対に自分は豊かになれない」という根拠のない思考も不要。

そうした考えは手放して、「今、お金がないのはたまたまだから、早く貯めて元に戻そう!」と想像を働かせるようにしましょう。

　えっ、そんなことでお金持ちになれるんですか

と女性たちには驚かれます。

私の答えは、「思考を変えれば、なれますよ」です。

日々の行動や考え方、思い込みをあらためることが、お金持ちへの最短ルートです。

選択肢の多い豊かな人生を生きる

私が運営している「富女子会」のモットーは2つです。

1つは「選択肢のある人生を生きる」です。

女性の人生は、男性の人生より複雑です。

男性は学校を卒業したら、極端な話、仕事だけ頑張れば、世間から

▼▼▼▼▼▼▼▼▼▼▼▼▼▼▼▼▼▼▼▼▼▼▼▼▼▼▼▼

認められます。ですので、仕事での選択がメインになりがちです。

　一方で女性は学校を卒業してから、仕事をして、結婚するかどうか、出産するかどうか、出産後に仕事を続けるかどうか、などを決めていきます。

　男性の育児参加が当たり前になりつつある現在であっても、男性は出産できるわけではなく、母乳を与えることもできません。

　介護を担っているのも、まだまだ現実的には女性が多い。

　現実問題として、女性のほうが人生は複雑になりがちで、決断しないといけない選択も多いというのが私の見解です。

　仕事をしても、しなくてもいい。育児も介護も自分でしても、しなくてもいい。

　どのような選択でもそのときの自分の状況下で最適な選択ができることが大切だと思っています。

　もちろんお金がすべてではありませんが、あったほうが、それだけ選択肢が増え、ストレスのない選択ができます。

　人生は、複数の選択肢があったほうが豊かです。

　でも、「選択肢の多い人生を歩む」には、経済的に豊かであることが不可欠です。

　お金を持つ目的は「お金を儲けること」「経済的に豊かになること」ではなく、その先にある、「人生を豊かにすること」なのです。

　「富女子会」のモットーの2つめは、「学ぶことで、豊かになる」です。

　そのためにも「お金」の勉強が必要です。大学の経済学部を卒業し

▲▲▲▲▲▲▲▲▲▲▲▲▲▲▲▲▲▲▲▲▲▲▲▲▲▲▲▲

▼▼▼▼▼▼▼▼▼▼▼▼▼▼▼▼▼▼▼▼▼▼▼▼▼▼▼▼▼▼▼▼▼▼▼

ていても、株式投資に疎かったり、住宅ローンの仕組みを知らなかったりする人は多いです。

　ここに賢い人がだけが気づいている事実があります。
　それは、「お金」の勉強をすればするほど「お金」が増える、ということです。私は今までお金に関する本をたくさん読んできました。本を読んでいる私の姿を見て、「永田先生は勉強家ですね」「読書家ですね」と言われます。
　いいえ、私が本をたくさん読む理由は、ただ1つ。それは「稼げるから」です。お金の知識は、必ずお金を生みます。

　多くの人は、働くことがお金を稼ぐいちばんいい手段だと思い込むがゆえに、給料の高い仕事ばかりを選ぶ傾向にあります。それも悪くはありません。
　ただ、それよりもファイナンシャルリテラシーを身につけて、時間を有効に使う人生を送ったほうが幸せである、と私は思っています。

　本書でお金の知識を身につけて、ぜひみなさんにも、時間が有効に、そして自由に使える人生を楽しんでほしいです。そうすることで、あなたの人生においての選択肢が1つでも多くなることを祈っています。

2023年11月吉日　永田雄三

▲▲▲▲▲▲▲▲▲▲▲▲▲▲▲▲▲▲▲▲▲▲▲▲▲▲▲▲▲▲▲▲▲▲▲

アンケートにご協力いただいたみなさん
（お名前は掲載希望者のみ、順不同）

にこるさん、中島萌加さん、家入冬華さん、岩名由夏さん、はらゆかさん、山崎由美子さん、miki.yさん、ちかさん、加藤春香さん、marron69さん、石崎彩さん、訴追さん、ima194964さん、mhさん、よっしーさん、三宅 由希子（ゆっきー）さん、ツチダアリサさん、稲田裕子さん、坂田麻衣子さん、野中雅子さん、STERAさん、佐藤未聖さん、たんたんさん、なちこさん、たまさん、奈穂さん、花太郎さん、sugarさん、Oshieriさん、mannaさん、おおたにさん、しろくまさん、tomotomoさん、山崎由美子さん、かおりんさん、りなぴさん、横塚弓和さん、こばさん、田島雅子（まさこ）さん、大川さん、野阪るみさん、A.Aさん、リーさん、キシモトさん、M.Yさん、榊原佳子さん、そえさん、R.Sさん、N.H.さん、千絵さん、高松渚さん、くまさん、鎌田雪絵さん、こばさん、佐々木希さん、ネコムラさん、市村舞さん、ゆいさん、おにぎりさん、ラーテルさん、Y.S.さん、テラさん、岡田梨沙さん、wisdomさん、ayaさん、ぽむさん、会長さん、すんさん、木村ゆう子さん、加藤さん、小田倉さん、福井さん

本書の出版に際しまして、多くの方からご協力・ご支援をいただきました。
まずこの本の主軸となる「1000万円を貯めるためのアンケート」にご回答いただいた富女子会のメンバーのみなさん、そして編集に多大なるご協力をいただいた富女子会ライター部の講師を務める小川真理子さん、この本の企画・編集・出版すべてにご尽力いただいた日経BPの宮本沙織さんと幸田華子さん、また出版にご協力くださった山本時嗣さん、長年富女子会を支えてくださっている事務局の相田真理さんにお力添えをいただきました。謹んで御礼申し上げます。

本書を読み、私が主宰するお金の教室、「富女子会」にご興味を持たれた方、参加をご希望の方は、こちらから詳細情報をご覧ください。最後までお読みいただきありがとうございました。

永田 雄三 （ながた・ゆうぞう）

ワイズアカデミー株式会社 代表取締役社長。金融・投資コンサルタント。1級ファイナンシャル・プランニング技能士。大学卒業後、日本生命に入社。若くして部長職に就任し、1000万円以上の年収となるが、会社員として働くことに疑問をもち、さまざまな投資を経験後、独立。その後、女性を中心としたお金の学びの場「富女子会」を東京、大阪、山口に立ち上げる。口コミだけで瞬く間に会員数が250人を突破する。現在も「女性が5年で1000万円を貯める」をテーマに講演会を開催し、これまでにファイナンシャル・プランニングを行った女性はのべ5000人を超す。クレジット会社、不動産会社など、多角的に事業を展開中。著書に『富女子宣言 —— 20代女子が5年で1000万円貯める方法』(幻冬舎)、『富女子の「お金」論』(主婦の友社) がある。

1000万円を貯めた女子100人が
やったこと、やめたことリスト

2023年11月20日 第1版　第1刷発行
2023年12月 8 日 第1版　第2刷発行

著者　永田雄三

発行者　中川ヒロミ
発行　株式会社日経BP
発売　株式会社日経BPマーケティング
〒105-8308 東京都港区虎ノ門4-3-12
https://bookplus.nikkei.com/

デザイン　若井夏澄 (tri) 野村彩子
イラスト　いそのけい
編集協力　小川真理子
企画協力　山本時嗣
編集　宮本沙織 幸田華子
制作　マーリンクレイン
校正　ヴェリタ
印刷・製本　大日本印刷株式会社

ISBN978-4-296-00097-5　Printed in Japan
©2023, Yuzo Nagata